Genossenschaftliche Zeit- und Streitfragen.
Begründet von
Ludolf Parisius und Dr. Hans Crüger,
fortgeführt von
Dr. Hans Crüger.

Heft 14. Heft 14.

Die Kriegsgesetzgebung.

Die aus Anlaß des Krieges erlassenen

Gesetze und Bundesratsverordnungen für Genossenschaften

zusammengestellt und bearbeitet

von

Rechtsanwalt **Adolf Crecelius**
stellvertret. Anwalt des Allgem. Deutschen Genoss.-Verbandes.

Berlin 1916.
J. Guttentag, Verlagsbuchhandlung
G. m. b. H.

Inhaltsverzeichnis.

Vorbemerkung.

Aufgenommen sind sämtliche Bundesratsverordnungen, soweit sie für den Geschäftsverkehr der Genossenschaften von Wichtigkeit sind.

Abgeschlossen am 1. Juli 1916.

A. Geld- und Finanzwesen.

Unsere Geldverfassung beruht bekanntlich auf der Goldwährung, d. h. das Gold ist derjenige Stoff, auf dem sich unser Geldwesen aufbaut. Die Regelung des Geldumlaufs und des Zahlungsausgleichs erfolgt durch die Reichsbank, sie ist auch die Hüterin unseres Goldbestandes. Zur Beschaffung der nötigen Umlaufmittel hat die Reichsbank das Recht der Ausgabe von Noten, die zu 1/3 durch Gold, 2/3 durch bankfähige Wechsel gedeckt sein müssen. Die Reichsbanknoten sind gesetzliches Zahlungsmittel, doch ist die Reichsbank verpflichtet, ihre Noten gegen Gold jederzeit einzulösen. Neben Reichsbanknoten dienen dem Geldverkehr die Reichskassenscheine, das sind auf den Inhaber lautende Schuldverschreibungen des Reichs, für die eine besondere Deckung nicht besteht, zu deren Einlösung die Reichshauptkasse aber jederzeit verpflichtet ist. Die Reichskassenscheine sind nicht gesetzliches Zahlungsmittel.

Um eine Erschütterung unseres Geldsystems sowie eine Schädigung unserer Goldbestände zu vermeiden, mußten sofort mit Kriegsbeginn besondere Maßnahmen getroffen werden. Durch Gesetz vom 4. August 1914 (RGBl. S. 347) sind die Reichskassenscheine bis auf weiteres als gesetzliches Zahlungsmittel erklärt, auch sie müssen daher im Verkehr in Zahlung genommen werden. Bis auf weiteres ist umgekehrt die Reichshauptkasse zur Einlösung der Reichskassen scheine und die Reichsbank zur Einlösung ihrer Noten nicht verpflichtet.

Zum weiteren Schutz unserer Goldbestände ist durch Bekanntmachung vom 28. September 1914 (RGBl. S. 417) die sog. Goldklausel durch die Bestimmung aufgehoben worden, daß Vereinbarungen, nach denen eine Zahlung in Gold zu erfolgen hat, bis auf weiteres nicht verbindlich sind. Durch Verordnung vom 23. November 1914 (RGBl. S. 481) ist der Agiohandel mit Goldmünzen verboten. Wer es ohne Genehmigung des Reichskanzlers unternimmt, Reichsgoldmünzen zu einem ihren Nennwert übersteigenden Preise zu erwerben, zu veräußern und dergleichen macht sich strafbar.

Silbermünzen werden bekanntlich nicht vollwertig ausgeprägt, daher ist man im Verkehr auch nicht verpflichtet, mehr als 20 Mark in Silber anzunehmen. Auch sind gewisse Kassen, namentlich die Reichsbankhauptkasse in Berlin, verpflichtet, Silbermünzen in Gold umzutauschen. Durch das Gesetz vom 4. August 1914 (RGBl. S. 326) ist das Münzgesetz dahin geändert, daß bei der Einlösung von Silbermünzen an Stelle der Goldmünzen Reichskassenscheine und Reichsbanknoten verabfolgt werden dürfen. Durch die Bekanntmachung des Reichskanzlers vom 13. November 1915 (RGBl. S. 763) wurde ferner die Ausfuhr und Durchfuhr von Gold verboten. Die Reichsbank ist von dem Verbot ausgenommen, auch kann der Reichskanzler Ausnahmen bewilligen. Dem Schutze unserer Goldbestände dient ferner die Verordnung vom 25. Februar 1916 (RGBl. S. 111), durch die der Reichskanzler ermächtigt wird, die Einfuhr entbehrlicher Gegenstände zu verbieten.

Auf Grund des Bankgesetzes muß die Reichsbank, sofern der Notenumlauf einen gewissen Betrag übersteigt, von dem Mehrbetrag eine Notensteuer entrichten. Durch Gesetz vom 4. August 1914 ist die Notensteuer beseitigt. Ein Ausgleich für den Ausfall ist in gewissem Sinne durch das Gesetz, betr. die Kriegsabgaben der Reichsbank, vom 24. Dezember 1915 (RGBl. S. 840) geschaffen, durch welches der Reichsbank die Zahlung gewisser Beträge auferlegt und ein Teil des Reingewinns für das Reich vorweg in Anspruch genommen ist. Im Jahre 1915 sind von der Reichsbank dem Reiche rund 200 Millionen zugeflossen. Ferner ist bestimmt, daß, während die Reichsbank regelmäßig nur Wechsel und Schecks mit mindestens zwei guten Unterschriften kaufen und zur Notendeckung verwenden darf, Wechsel und Schecks des Reichs einer weiteren Unterschrift nicht bedürfen. Schuldverschreibungen des Reiches, die spätestens nach drei Monaten fällig werden, stehen den Wechseln gleich, d. h. sind ebenfalls zur Notendeckung geeignet.

Durch den Krieg trat ein erheblicher Mehrbedarf an Zahlungsmitteln ein. Dem wurde durch die Verordnungen vom 24. August 1915 (RGBl. S. 541), 22. Dezember 1915 (RGBl. S. 844) und 11. Mai 1916 (RGBl. S. 379) Rechnung getragen, wonach der Reichskanzler ermächtigt wird, Fünfpfennigstücke aus Eisen bis zur

Höhe von insgesamt 10 Millionen Mark und Zehnpfennigstücke bis zur Höhe von insgesamt 15 Millionen Mark herstellen zu lassen. Ferner wurde durch Gesetz vom 22. März 1915 (RGBl. S. 179) die Reichsbank ermächtigt, Banknoten zu 10 Mark auszufertigen und auszugeben.

Um den Kreditbedarf des Reiches allen Erfordernissen anzupassen, ist durch Gesetz vom 4. August 1914 (RGBl. S. 325) die Reichsschuldenordnung dahin ergänzt, daß die Bereitstellung der nach dem Reichshaushaltungsplan zur Bestreitung einmaliger Ausgaben im Wege des Kredits zu beschaffenden, zur vorübergehenden Verstärkung der ordentlichen Betriebsmittel der Reichshauptkasse vorgesehenen Geldmittel in den Grenzen der gesetzlichen Ermächtigung, außer durch Aufnahme von verzinslichen Anleihen und Ausgabe von Schatzanweisungen, auch durch Ausgabe von Wechseln erfolgen kann.

Daß dem Reiche durch Begebung von vier Kriegsanleihen insgesamt rund 36 Milliarden zugeflossen sind, ist bekannt.

Von besonderer Wichtigkeit ist das Gesetz, betr. die Errichtung von Darlehnskassen, vom 4. August 1914 (RGBl. S. 340).

In Berlin und an Orten, wo es erforderlich ist, sollen auf Anordnung des Bundesrats nach Vernehmung des Ausschusses des Bundesrats für Handel und Verkehr Darlehnskassen errichtet werden mit der Bestimmung: „zur Abhilfe des Kreditbedürfnisses vorzüglich zur Beförderung des Handels- und Gewerbebetriebes gegen Sicherheit Darlehen zu geben.“ Zur Vermittlung der Darlehnsgeschäfte und zur Bildung von Depots können die Darlehnskassen außerdem an geeigneten Orten Hilfsstellen errichten. Die Darlehnskassen bilden selbständige Einrichtungen mit den Eigenschaften und Rechten juristischer Personen. Ihre Geschäfte genießen Freiheit von Stempeln und Gebühren. Ein etwaiger Überschuß aus dem Geschäftsbetrieb fließt der Reichskasse zu. Die Verwaltung der Darlehnskassen wird durch die Reichsbank geführt, jedoch mit Absonderung von ihren übrigen Geschäften. Die allgemeine Verwaltung der Darlehnskassen führt die Benennung „Hauptverwaltung der Darlehnskassen“ und hat ihren Sitz in Berlin; außerdem wird für jede Darlehnskasse ein besonderer, der Hauptverwaltung unterstellter Vorstand ernannt, wozu ein vom Reichskanzler zu bestimmender Reichsbevollmächtigter und Mitglieder des Handels- und Gewerbestands gehören sollen. Die Sicherheit der Darlehen kann bestehen in Verpfändung von Wertpapieren oder Waren, erstere können unter Berücksichtigung eines Abschlags vom Kurse oder marktgängigen Preise, letztere können bis zur Hälfte ausnahmsweise bis zu $^2/_3$ des Schätzungswertes je nach Verschiedenheit der Gegenstände oder ihrer Verkäuflichkeit beliehen werden. Die Darlehen werden in Darlehnskassenscheinen gewährt, die in Beträgen von 1, 2, 5, 10, 20 und 50 Mark ausgegeben werden. Der Gesamtbetrag der ausgegebenen Scheine soll 3 Milliarden nicht übersteigen. Der Mindestbetrag eines Darlehens ist 100 Mark; die Darlehen sollen nicht auf längere Zeit als drei und nur ausnahmsweise bis zu sechs Monaten gewährt werden. Daß die Inanspruchnahme der Darlehnskassen bisher außerordentlich gering war, ist bekannt. Näheres vgl. Bl. f. Gen.-Wes. 1916, S. 288.

Die Bekanntmachung, betr. Verbot von Mitteilungen über Preise von Wertpapieren, vom 25. Februar 1915 (RGBl. S. 111) bestimmt, daß, solange für ein an einer deutschen Börse zugelassenes Wertpapier infolge des Krieges eine amtliche Feststellung des Börsenpreises nicht stattfindet, in öffentlichen Bekanntmachungen oder Mitteilungen, die für einen größeren Kreis von Personen bestimmt sind, zahlenmäßige Angaben über den Preis des Papiers nicht gemacht werden dürfen. Das gleiche gilt für ausländische Geldsorten und Noten sowie für Wechsel, Schecks und Auszahlungen auf das Ausland, doch sind über letztere gemäß Bekanntmachung vom 17. März 1915 (RGBl. S. 154) Angaben zwischen Personen, die Bank- oder Geldwechslergeschäfte gewerbsmäßig betreiben, bis auf weiteres zulässig. Ferner ist durch Bekanntmachung vom 22. Januar 1916 (RGBl. S. 54) die Mitteilung über Kurse zulässig, die für ausländische Geldsorten und Noten sowie Schecks und kurzfristige Wechsel auf das Ausland festgesetzt werden. Der Handel mit solchen Zahlungsmitteln ist durch Verordnung vom 20. Januar 1916 (RGBl. S. 49) bestimmten Firmen übertragen worden, der Kurs, zu dem diese Firmen kaufen und verkaufen, wird mit Zustimmung der Reichsbank festgesetzt.

B. Gläubigerschutz.

Infolge des Krieges ist es nicht immer möglich, daß der Gläubiger pünktlich seine Rechte wahrnimmt, der Schuldner seinen Verpflichtungen fristgemäß nachkommt. Die Versäumung dieser Pflichten hat nach der Rechtsordnung für gewöhnlich Nachteile zur Folge. Diese Nachteile zu beseitigen war die schwierige Aufgabe der Kriegsgesetzgebung. Diese betrifft den Schutz der Gläubiger und Schuldner im allgemeinen und den besonderen Schutz dieser Personen, soweit sie Kriegsteilnehmer sind. Zunächst seien die Verordnungen betr. den Gläubigerschutz erwähnt.

a) **Verjährungsfristen.** Die Ansprüche des täglichen Lebens und Geschäftsverkehrs verjähren bekanntlich in zwei bzw. soweit sie Zinsen, Unterhaltsbeiträge und regelmäßig wiederkehrende Leistungen betreffen, in vier Jahren (§ 196/7 Bürgerl. Gesetzb.). Durch Verordnung vom 22. Dezember 1914 (RGBl. S. 543) ist bestimmt, daß diese Ansprüche, soweit sie nicht schon verjährt sind, nicht vor dem 31. Dezember 1915 verjähren. Durch Verordnung vom 4. November 1915 (RGBl. S. 732) ist die Frist um ein weiteres Jahr, also bis zum 31. Dezember 1916 verlängert.

b) **Die Ansprüche aus Wechseln und Schecks.** Wechsel- und Scheckrecht ist Formalrecht, d. h. es bedarf zur Erhaltung des Anspruchs aus diesen Papieren der Vornahme gewisser Formalien und der Einhaltung bestimmter Fristen. Können diese Handlungen aus Anlaß des Krieges infolge höherer Gewalt nicht vorgenommen werden, wie z. B. in den Teilen Elsaß-Lothringens, die vom Feinde besetzt sind, so wird die Frist um einen Zeitraum hinausgeschoben, der erforderlich ist, um diese Handlungen nach Fortfall des Hindernisses vornehmen zu können, mindestens aber bis zum Ablauf von zwei Wochen nach Wegfall des Hindernisses. (Verordnung vom 6. bezw. 29. August 1914, RGBl. S. 327, 387).

Aber auch soweit die Wahrung nicht durch höhere Gewalt völlig gehindert ist, wird es infolge der kriegerischen Ereignisse mitunter nicht möglich sein, sie rechtzeitig vorzunehmen, zumal die Fristen zum Teil sehr kurz sind. Dies gilt namentlich von der Protestfrist. Deshalb hat der Bundesrat durch Verordnung vom 6. August 1914 (RGBl. S. 357) die Fristen für Handlungen, deren es zur Ausübung oder Erhaltung des Wechselrechts oder Regreßrechts bedarf, um 30 Tage verlängert, soweit sie noch nicht vor dem 31. Juli 1914 abgelaufen waren (Aufschubwechsel). Diese Verlängerung der Protestfrist ist indessen durch Verordnung vom 17. Mai 1915 (RGBl. S.284) dergestalt wieder beseitigt, daß eine mit dem 30. Juni 1915 laufende Verlängerung mit diesem Tage ihr Ende fand.

Besonderes galt dagegen noch für die in Elsaß-Lothringen, Ostpreußen und Teilen Westpreußens zahlbaren Wechsel. Für diese Gebiete ist die Protestfrist wiederholt verlängert worden. Für die östlichen Teile ist die verlängerte Frist inzwischen mit dem 31. Januar 1916 ebenfalls abgelaufen. Auch dort gilt also jetzt nichts mehr Besonderes, es sei denn, daß infolge höherer Gewalt die Wahrnehmung der Formalien unmöglich ist. Dies dürfte zurzeit aber kaum noch zutreffen. Dagegen ist für die in Elsaß-Lothringen zahlbaren Wechsel die Protestfrist stets weiter verlängert worden und besteht zurzeit noch (näheres hierüber vgl. Bl. f. Gen.-Wes. 1916, S. 43).

c) **Verfügung über Miet- und Pachtzins.** Durch Gesetz vom 10. Juni 1915 (RGBl. S. 327) sind unter Abänderung des Bürgerlichen Gesetzbuches, des Zwangsversteigerungsgesetzes und der Konkursordnung die Bestimmungen, wonach im Falle der Beschlagnahme eines Grundstücks Verfügungen des Grundstückseigentümers über den Miet- und Pachtzins für das zur Zeit der Beschlagnahme laufende und das folgende Kalendervierteljahr wirksam waren und wonach im Falle einer freiwilligen oder im Wege der Zwangsversteigerung erfolgenden Veräußerung des Grundstücks das gleiche galt für das zur Zeit des Eigentumsübergangs laufende und das folgende Kalendervierteljahr dahin geändert worden, daß Verfügungen nur für das zur Zeit der Beschlagnahme bzw. des Eigentumsübergangs laufende Kalendervierteljahr, nicht aber auch das folgende Kalendervierteljahr wirksam sind. Erfolgt die Beschlagnahme oder der Eigentumsübergang innerhalb des letzten halben Monats eines Kalendervierteljahrs, so soll die Vorausverfügung auch noch für das folgende Kalendervierteljahr wirksam sein. Während früher der Ersteher im Falle der Zwangsversteigerung bei der ungewöhnlich langen Dauer des Versteigerungsverfahrens die Zinsen für ein ganzes Jahr verlor, hat er jetzt höchstens mit einem Verlust der Miete für ein Kalendervierteljahr zu rechnen. Damit ist einem langgehegten Wunsche aus Kreisen der Hypothekengläubiger Rechnung getragen (vgl. Verhandlungen über den Allgemeinen Genossenschaftstag zu Posen 1913). Näheres über dies außerordentlich wichtige Gesetz Bl. f. Gen.-Wes. 1915, S. 293).

C. Schuldnerschutz.

Unsere Volkswirtschaft zeigte sich als so gesund und widerstandsfähig, daß ein allgemeines Moratorium im Gegensatz zum feindlichen

Ausland sich nicht als erforderlich erwies. Selbstverständlich mußten aber gewisse Maßnahmen wie im Interesse der Gläubiger so auch der Schuldner getroffen werden.

a) **Bewilligung von Zahlungsfristen** (jetzt gültig in Fassung der Verordnung vom 8. Juni 1916, RGBl. S. 290). Die Verordnung bestimmt:

In bürgerlichen Rechtsstreitigkeiten kann das Prozeßgericht auf Antrag des Beklagten eine mit der Verkündung des Urteils beginnende Zahlungsfrist von längstens drei Monaten in dem Urteil bestimmen. Die Bestimmung ist zulässig, wenn die Lage des Beklagten sie rechtfertigt, es sei denn, daß die Zahlungsfrist dem Kläger einen unverhältnismäßigen Nachteil bringt. Sie kann auch für nur einen Teilbetrag der Forderung bestimmt und von der Erfüllung bestimmter Bedingungen abhängig gemacht werden. Sie ist nur zulässig, wenn Gegenstand des Prozesses eine vor dem 31. Juli 1914 entstandene Geldforderung ist. Auf den Zinsenlauf hat die Bestimmung der Zahlungsfrist keinen Einfluß. Auch im Mahnverfahren ist der Antrag zulässig, solange der Vollstreckungsbefehl noch nicht verfügt ist.

Ferner kann das Amtsgericht, bei dem der Gläubiger seinen allgemeinen Gerichtsstand hat, für eine vom Schuldner anerkannte Forderung auf Antrag des Schuldners eine Zahlungsfrist bewilligen. Der Antrag ist abzulehnen, wenn die Forderung rechtshängig oder vollstreckbar ist.

Auch die Vollstreckung kann auf Antrag eingestellt werden, längstens aber für drei Monate. Ist allerdings bereits eine Zahlungsfrist bestimmt gewesen, so darf nicht auch außerdem noch einmal die Vollstreckung eingestellt werden.

Für die Kosten dieses Verfahrens sind besondere Ermäßigungen vorgesehen. Kosten kommen überhaupt nicht in Ansatz, wenn der Wert des Streitgegenstandes 100 Mark nicht übersteigt.

b) **Beseitigung der Rechtsfolgen des Verzugs.** Kommt der Schuldner nicht rechtzeitig seiner Verpflichtung nach, so gerät er in Verzug. Die Folgen sind recht verschiedenartig; die bekanntesten Folgen sind Verpflichtung zur Räumung wegen Nichtzahlung des Mietzinses, Fälligkeit des Kapitals wegen Nichtzahlung der Zinsen usw. Die Bewilligung der Zahlungsfristen allein reicht daher nicht aus, um den Schuldner vor Schaden zu bewahren. Es kann daher ferner gemäß Verordnung vom 20. Mai 1915 (RGBl. S. 292, jetzt gültig in der Fassung vom 8. Juni 1916, RGBl. S. 451) im Urteil auf Antrag angeordnet werden, daß diese Rechtsfolge der nicht rechtzeitigen Zahlung als nicht eingetreten gilt. Die Forderung muß jedoch vor dem 31. Juli 1914 entstanden, auch dürfen die Rechtsfolgen nicht am 31. Juli 1914 bereits eingetreten gewesen sein.

c) **Hypotheken.** Betrifft der Rechtsstreit die Zahlung des Kapitals aus einer Hypothek oder Grundschuld oder die Ablösungssumme einer Rentenschuld, so kann gemäß Verordnung vom 8. Juni 1916 (RGBl. S. 454), die die frühere Verordnung vom 20. Mai 1915 aufhebt und die Fristen verlängert, eine Zahlungsfrist für das Kapital bis zu einem Jahre, für Zinsen und andere Nebenleistungen bis zu sechs Monaten bewilligt werden (bis dahin 6 bzw. 3 Monate). Die Fristsetzung kann von der Erfüllung gewisser Bedingungen, z. B. Erhöhung des Zinsfußes abhängig gemacht werden. Auch bei vollstreckbaren Hypothekenforderungen kann die Frist gewährt werden. Die Bewilligung der Frist erfolgt in diesem Falle durch das Amtsgericht, in dessen Bezirk das belastete Grundstück belegen ist. Grundsätzlich findet die Verordnung Anwendung auch auf Hypotheken, die nach dem 31. Juli 1914 entstanden sind, was bisher nicht der Fall war. Für Kapitalschulden kann die Bewilligung einer Zahlungsfrist mehrfach erfolgen, für Zinsen nur einmal. Der Antrag auf Bewilligung der Frist darf nicht deshalb abgelehnt werden, weil anzunehmen ist, daß der Beklagte nach Ablauf der Frist zur Befriedigung des Klägers außerstande sein werde. (Näheres vgl. Bl. f. Gen.-Wesen, 1916, S. 353.)

Ist der Schuldner in Verzug geraten, so kann das Prozeßgericht anordnen, daß die Rechtsfolgen des Verzugs als nicht eingetreten gelten.

Die Zwangsversteigerung kann auf Antrag des Schuldners für die Dauer von längstens sechs Monaten eingestellt werden, auch wenn die Bestimmung einer Zahlungsfrist abgelehnt oder nicht zulässig ist. Die Einstellung kann mehrfach erfolgen, sie ist jedoch auf Antrag eines Beteiligten aufzuheben, wenn ihm fällige Ansprüche auf wiederkehrende Leistungen für zwei Jahre im Range vorgehen, ebenso ist der Antrag auf Einstellung der Zwangsversteigerung von vornherein abzulehnen, wenn fällige Ansprüche des betreibenden

Gläubigers für zwei Jahre nicht gezahlt sind (näheres vgl. Bl. f. Gen.-Wesen, 1916, S. 355).

Die Einigungsämter (unten S. 20) sind in diesen Verfahren gutachtlich zu hören.

Für die Versteigerung von Grundstücken bestimmt die Bekanntmachung vom 10. Dezember 1914 (RGBl. S. 499; geändert durch die Verordnung vom 8. Juni 1916, RGBl. S. 434), daß, wenn ein Anspruch im Falle der Zwangsversteigerung durch das Meistgebot nicht gedeckt wird und dieser Anspruch innerhalb der ersten drei Viertel des zur Berechnung des Reichsstempels für den Zuschlagsbeschluß festzusetzenden Wertes des Gegenstandes steht, auf Antrag des Berechtigten der Zuschlag versagt werden kann, sofern nicht der Gläubiger glaubhaft macht, daß ihm die Versagung des Zuschlags einen unverhältnismäßigen Nachteil bringt. Wird der Zuschlag versagt, so ist von Amts wegen ein neuer Versteigerungstermin zu bestimmen (näheres Bl. f. Gen.-Wes. 1915, S. 44, 1916 S. 355). Die Versagung des Zuschlags kann mehrfach erfolgen.

d) **Zwangsverwaltungsverfahren.** Das Zwangsverwaltungsverfahren von Grundstücken leidet an Mängeln. Sie abzustellen und dadurch dem Schuldner nicht unbedingt nötige Schädigungen fernzuhalten, ist der Zweck der Bekanntmachung vom 22. April 1915 (RGBl. S. 233).

Zunächst ist eine Verbilligung des Verfahrens angestrebt. Der Schuldner oder sein Vertreter kann, wenn er hierzu geeignet ist, die Zwangsverwaltung führen. Die Bestellung einer Aufsichtsperson ist für diesen Fall vorgeschrieben. Als Aufsichtsperson sollen nur solche Personen bestellt werden, die keine Vergütung, sondern nur Ersatz ihrer Auslagen erhalten. Die Aufsichtsperson untersteht der Aufsicht und dem Ordnungsstrafrecht des Gerichts. Der zum Verwalter bestellte Schuldner bedarf zur Verfügung über die Nutzungen des Grundstücks der Zustimmung der Aufsichtsperson. Wird der Schuldner nicht bestellt, so sind Personen zu wählen, die an der Erhaltung des Grundstückswerts Interesse haben und die Verwaltung ohne Vergütung führen.

Beruht die Zwangsverwaltung auf einer durch den Krieg geschaffenen Notlage, so sollen für die Anordnung des Verfahrens Gebühren nicht erhoben werden (näheres Bl. f. Gen.-Wes. 1915, S. 262).

e) **Rang der öffentlichen Lasten.** Die Aufbringung der öffentlichen Lasten, insbesondere der Anliegerbeiträge, wird während der Kriegszeit vielen sonst leistungsfähigen Grundstücksbesitzern unmöglich. Wird seitens der Steuergläubiger Stundung gewährt, so entstehen Schwierigkeiten daraus, daß bei Zwangsversteigerung nur die Rückstände an öffentlichen Lasten aus den letzten zwei Jahren vor der Beschlagnahme in der 3. Klasse befriedigt werden, während ältere Rückstände ihren Rang verlieren und erst in der 7. Klasse zur Hebung kommen. Hieraus ergibt sich für die Steuergläubiger der Zwang, die Zwangsversteigerung einzuleiten, um nicht den Rang zu verlieren. Deshalb ist bestimmt (Verordnung vom 22. April 1915, RGBl. S. 235; näheres Bl. f. Gen.-Wes. 1915, S. 263), daß alle Rückstände nicht wiederkehrender öffentlicher Lasten, die am 1. Januar 1915 noch keine zwei Jahre rückständig waren und demgemäß das Recht auf Befriedigung in der 3. Rangklasse noch nicht verloren hatten, es bis auf weiteres behalten.

f) **Mindestgebot bei Versteigerung gepfändeter Sachen.** Schon in Friedenszeiten ist vielfach der Mangel hervorgetreten, daß eine Zwangsversteigerung, sei es nun von beweglichen Sachen oder sei es von Grundstücken, zur Verschleuderung führt. Um eine solche Verschleuderung beweglicher gepfändeter Sachen zu verhindern, soll gemäß Bekanntmachung vom 8. Oktober 1914 (RGBl. S. 427) tunlichst bereits bei der Pfändung, jedenfalls aber vor der Versteigerung eine Schätzung des gewöhnlichen Verkaufswertes durch den Gerichtsvollzieher oder einen Sachverständigen vorgenommen werden. Das Mindestgebot, zu dem der Zuschlag erteilt werden darf, muß mindestens die Hälfte des gewöhnlichen Verkaufswertes erreichen. Bei Wertpapieren, die von Darlehnskassen beliehen werden, darf das Mindestgebot nicht hinter dem Betrag zurückbleiben, zu dem die Darlehnskassen die Wertpapiere dieser Art beleihen. Kann der Zuschlag nicht erteilt werden, weil das Mindestgebot nicht erreicht ist, so kann der Gläubiger jederzeit die Anberaumung eines neuen Versteigerungstermins oder die anderweitige Verwendung der gepfändeten Sachen beantragen (näheres Bl. f. Gen.-Wes. 1915, S. 44).

g) **Anordnung einer Geschäftsaufsicht zur Abwendung des Konkursverfahrens.** Durch Verordnung vom 8. August 1914 (RGBl. S. 363) ist bestimmt, daß, wer infolge des Krieges zahlungsunfähig geworden ist, bei dem für die Eröffnung des Konkursverfahrens zuständigen

Gericht die Anordnung einer Geschäftsaufsicht zur Abwendung des Konkursverfahrens beantragen kann. Mit dem Antrag ist ein Verzeichnis der Gläubiger unter Angabe ihrer Adressen, eine Übersicht des Vermögensstandes, sowie die letzte Bilanz einzureichen. Dem Antrag ist stattzugeben, wenn die Behebung der Zahlungsunfähigkeit nach Beendigung des Krieges in Aussicht genommen werden kann. Wird dem Antrag stattgegeben, so bestellt das Gericht zur Beaufsichtigung der Geschäftsführung des Schuldners eine Aufsichtsperson und teilt den Gläubigern die Anordnung der Geschäftsaufsicht mit. Eine öffentliche Bekanntmachung erfolgt nicht. Während der Dauer der Geschäftsaufsicht darf das Konkursverfahren über das Vermögen des Schuldners nicht eröffnet werden. Der Schuldner soll ohne Zustimmung der Aufsichtsperson unentgeltliche Verfügungen oder Verfügungen über Grundstücke nicht vornehmen, keine Ansprüche befriedigen oder sicherstellen.

D. Schutz der Kriegsteilnehmer.

Mit dem Schutz von Gläubigern und Schuldnern gegen Schutz von Schäden aus den Störungen des Staats- und Wirtschaftslebens infolge des Krieges ist es allein noch nicht getan. Die Zahl der Einberufenen war, da auch bald nach Kriegsbeginn gedienter und ungedienter Landsturm aufgeboten wurde, außerordentlich groß. Die Schnelligkeit, mit der viele aus ihrer Tätigkeit herausgerissen wurden, machte es ihnen unmöglich, in ausreichender Weise Vorsorge für ihre Angelegenheiten zu treffen. Daher erging bei Kriegsbeginn die Bundesratsverordnung vom 4. August 1914 (RGBl. S. 328) zum Schutz der infolge des Krieges an der Wahrnehmung ihrer Rechte behinderten Personen. Diese Verordnung trifft Gläubiger wie Schuldner, Kläger wie Beklagte in gleicher Weise. Die Verordnung bestimmt folgendes:

„Bürgerliche Rechtsstreitigkeiten", d. h. gewöhnliche Prozesse, werden unterbrochen, wenn ein Kriegsteilnehmer Partei ist. Der Begriff des Kriegsteilnehmers wird näher bestimmt. Die Unterbrechung tritt nicht ein, wenn eine Partei durch einen Prozeßbevollmächtigten vertreten ist oder sonst einen zur Wahrnehmung ihrer Rechte berufenen Vertreter hat. Doch hat das Prozeßgericht auf Antrag des Vertreters die Aussetzung des Verfahrens anzuordnen, es sei denn, daß die Aussetzung nach den Umständen des Falles offenbar unbillig ist. Die Unterbrechung des Verfahrens hört auf mit der Aufnahme des Verfahrens durch die betreffende Partei, spätestens mit der Beendigung des Kriegszustandes.

Die Zwangsvollstreckungen gegen Kriegsteilnehmer unterliegen ebenfalls Beschränkungen. Die Versteigerung von Grundstücken und Gegenständen der Zwangsvollstreckung ins unbewegliche Vermögen ist unzulässig, das gleiche gilt von der Versteigerung von beweglichen Sachen, ausgenommen verbrauchbare und sonstige Sachen, deren Aufbewahrung unverhältnismäßige Kosten verursachen würde oder die der Gefahr einer beträchtlichen Wertverminderung ausgesetzt sind. Zwangsvollstreckungen sind auch dann unzulässig, wenn sie nicht unmittelbar das Vermögen von Kriegsteilnehmern, sondern das seiner Ehefrau oder seiner Kinder betreffen, sofern durch die Zwangsvollstreckung Rechte berührt werden, die ihm auf Grund des ehelichen Güterrechts oder der elterlichen Gewalt zustehen.

Weiter ist die Eröffnung des Konkursverfahrens unzulässig. Ist das Konkursverfahren bereits eröffnet, so ist es auf Antrag des Gemeinschuldners auszusetzen.

Sind Kriegsteilnehmer an einem Konkurs-Aufgebots- oder Verteilungsverfahren als Berechtigte beteiligt, so wird das Verfahren hierdurch grundsätzlich nicht berührt. Es gilt jedoch folgendes: Ist gegen einen Kriegsteilnehmer Versäumnisurteil ergangen oder ist er sonstwie als säumig behandelt, so kann er, soweit dies im Verfahren noch möglich ist, binnen sechs Monaten nach Beendigung des Kriegszustandes die versäumten Handlungen nachholen und soweit dies nicht möglich ist, von denjenigen, zu dessen Gunsten die Rechtsänderung eingetreten ist, die Herausgabe des erlangten Vorteils nach den Vorschriften über die Herausgabe einer ungerechtfertigten Bereicherung verlangen. Ergibt sich bei einer Verteilung, daß ein Kriegsteilnehmer eine Forderung angemeldet hat oder daß ihm eine solche Forderung mutmaßlich zusteht, so muß bei der Verteilung so verfahren werden, wie wenn die Forderung endgültig festgestellt wäre.

Hat bei der Zwangsversteigerung eines Grundstücks ein Kriegsteilnehmer eine Forderung, für die das Grundstück haftet, die aber durch Meistgebot nicht gedeckt wird, so kann der Zuschlag versagt und ein neuer Versteigerungstermin bestimmt werden, sofern die Annahme begründet ist, daß ein höheres, zur gänzlichen oder teilweisen Befriedigung genügendes Angebot erfolgen werde (vgl. Bl. f. Gen.-Wes. 1915, S. 43, 309).

Schließlich ist die Verjährung zugunsten des Kriegsteilnehmers gehemmt, d. h. die Verjährung läuft nicht weiter.

Die Verordnung findet auch auf solche Personen Anwendung, die durch einen Kriegsteilnehmer gesetzlich vertreten werden und nicht prozeßfähig sind (z. B. Unmündige unter Vormundschaft eines Kriegsteilnehmers), doch kann hier durch das Prozeßgericht ein neuer Vertreter bestellt werden.

Die Bestimmungen gelten auch für das Verfahren vor den Kaufmanns- und Gewerbegerichten usw.

Die Kriegsteilnehmer als Schuldner schützt die Verordnung vom 8. Juni 1916 (RGBl. S. 452). Auf Antrag des Kriegsteilnehmers kann eine Zahlungsfrist bis zu sechs Monaten bewilligt werden, und zwar auch für die nach dem 31. Juli 1914, aber vor oder während der Teilnahme des Schuldners am Kriege entstandenen Forderungen. Auf diese Forderungen findet die Verordnung über die Folgen der nicht rechtzeitigen Zahlung einer Geldforderung vom 20. Mai 1915 (oben unter C, b) Anwendung. Die Zwangsvollstreckung kann auf sechs Monate eingestellt werden, die Einstellung kann mehrfach erfolgen und auch dann, wenn eine Zahlungsfrist bereits bestimmt ist. Voraussetzung für die Bewilligung ist, daß die wirtschaftliche Lage des Schuldners durch die Teilnahme am Krieg so wesentlich verschlechtert ist, daß sein Fortkommen gefährdet erscheint. Die Einstellung der Zwangsvollstreckung kann aufgehoben werden, wenn sie infolge nachträglicher wesentlicher Veränderung der Umstände dem Gläubiger einen unverhältnismäßigen Nachteil bringen würde.

Diese Schutzmaßnahmen sind sehr weitgehend, kein Wunder, daß Mißbräuche vorkommen. Ist doch die Versuchung allzu nahe liegend, daß sich ein Kriegsteilnehmer, auch wenn er dazu in der Lage wäre, der Erfüllung seiner Pflichten zu entziehen sucht. Diesen Mißbräuchen will die Verordnung vom 14. Januar 1915 (RGBl. S. 17) steuern. Der Vorsitzende des Prozeßgerichts hat hiernach die Befugnis, einem Kriegsteilnehmer, der ohne Vertreter ist, auf Antrag des Gegners einen geeigneten Vertreter zu bestellen, der die Rechte und Pflichten des Kriegsteilnehmers im Rechtsstreite wahrzunehmen hat. Die Bestellung ist aber nur zulässig, wenn sie zur Verhütung offenbarer Unbilligkeiten erforderlich erscheint. Bei der Prüfung der Frage, ob diese Voraussetzungen gegeben sind, sollen die Interessen des Kriegsteilnehmers im Vordergrund stehen.

Die gesetzlichen Bestimmungen zum Schutz der Kriegsteilnehmer bieten für die Praxis zu Zweifeln Anlaß, soweit es sich um das Formalrecht, also namentlich um Wechsel handelt. Es sei daher unter Verweisung auf die Artikel in den Bl. f. Gen.-Wes. 1914, S. 734, 772, 1915, S. 22 kurz die Behandlung der Wechsel dargestellt.

1. Eigene Wechsel (Vorschußwechsel). Diese Wechsel pflegen derart ausgestellt zu werden, daß einer als Aussteller, die anderen als Bürgen (mit oder ohne dem Zusatz „als Bürge") unterzeichnen. Derartige Wechsel brauchen beim Verfall nicht protestiert zu werden, wenn sie keine Indossanten haben. Sie können vielmehr bei Verfall liegen bleiben bis längstens drei Jahre nach dem Verfalltag, da alsdann erst die Verjährung eintritt. Stehen die Beteiligten sämtlich im Felde, so ist die Verjährung gehemmt. Besondere Maßnahmen zum Schutze gegen die Verjährung sind daher nicht erforderlich. Steht nur ein Teil der Beteiligten im Felde, so empfiehlt es sich, wenn nicht auch von den im Felde stehenden die Ausstellung eines neuen Wechsels zu erreichen ist, wenigstens von den in der Heimat verbliebenen einen neuen Wechsel sich ausstellen zu lassen. Alsdann sind die Feldzugsteilnehmer aus dem alten, die übrigen aus dem neuen Wechsel verpflichtet. Eine Bescheinigung, daß trotz des Vorhandenseins zweier Wechsel die Zahlung nur einmal verlangt werden kann, muß die Genossenschaft allerdings auf Verlangen ausstellen.

2. Gezogene Wechsel. Wird ein gezogener Wechsel bei Fälligkeit nicht eingelöst, so ist zu unterscheiden zwischen den Rechten gegen den Akzeptanten und den Rechten gegen die übrigen Wechselschuldner. Die Wechselforderung richtet sich in erster Linie gegen den Akzeptanten; die übrigen Beteiligten sind nur im Falle, daß der Akzeptant nicht zahlt, regreßpflichtig. Das Regreßrecht hat zur Voraussetzung, daß der Wechsel zur Zahlung präsentiert und Protest erhoben ist. Dagegen bedarf es zur Erhaltung des Wechselrechts gegen den Akzeptanten weder der Präsentation am Zahlungstage noch der Protesterhebung.

Stehen sämtliche Wechselschuldner im Felde, also sowohl Akzeptant wie Aussteller und die Indossanten, so ist zwar die Verjährung gehemmt, aber, um das Regreßrecht gegen Aussteller und Indossanten nicht zu verlieren, ist gleichwohl Protesterhebung notwendig. Der

Protest ist, wie oben S. 9 ausgeführt, heute grundsätzlich wieder innerhalb der gesetzlichen Frist, also spätestens am zweiten Werktage nach dem Zahlungstage zu erheben. Ausnahmen gelten nur noch für die vom Feinde besetzten Gebiete und für Elsaß-Lothringen (Näheres oben S. 10). Die Erhebung des Protestes darf also nicht unterbleiben. Über das Verhältnis von Präsentation und Protest herrscht noch vielfach Unklarheit. Diese beiden Erfordernisse sind in Wirklichkeit nur eins. Durch den Protest wird die Präsentation und die trotz Präsentation nicht erfolgte Zahlung bewiesen. Außer der Protesterhebung braucht zur Erhaltung der Rechte nichts zu geschehen, insbesondere ist, wie schon gesagt, die Verjährung gehemmt. Inwieweit eine Beitreibung des Wechsels gegen Kriegsteilnehmer möglich ist, darüber vgl. oben S. 15ff. u. Bl. f. Gen.-Wes. 1916, S. 75.

Steht nur ein Teil der Wechselschuldner im Felde, so ist zunächst ebenfalls (um den Anspruch gegen die Indossanten zu erhalten) die Protesterhebung notwendig. Wie aber verhält es sich mit der weiteren Rechtsverfolgung? Die Verjährung ist gehemmt gegenüber denjenigen Beteiligten, die im Felde stehen, gegenüber den anderen läuft sie. Hier muß also eingegriffen werden, um die Verjährung zu unterbrechen. Dies geschieht z. B. durch Klageerhebung und ähnliche Akte. Auch hier ist es aber möglich, um Kosten zu sparen, daß der betreffende Wechselschuldner einen neuen Wechsel ausstellt. Dieser Weg wird auch vielfach eingeschlagen (vgl. Bl. f. Gen.-Wes. 1914, S. 734772; 1915, S. 22; 1916, S. 75).

Verordnung, betr. Kündigungsrecht von Hinterbliebenen der Kriegsteilnehmer, vom 7. Oktober 1915. Sie bestimmt:

Ist der Mieter infolge seiner Teilnahme am Kriege gestorben, so gilt die gesetzliche Kündigungsfrist. Haben Eheleute gemeinschaftlich gemietet und stirbt der Ehemann infolge Teilnahme am Kriege, so kann die Frau unter Einhaltung der gesetzlichen Kündigungsfrist kündigen. Gegen Kündigung kann der Vermieter Widerspruch beim Amtsgericht einlegen, das die Kündigung für unwirksam zu erklären hat, wenn nicht die Fortsetzung des Mietverhältnisses zu einem unverhältnismäßigen Nachteil für die Erben oder Ehefrau führen würde.

E. Rechtspflege.

Der Krieg hat eine Reihe von Forderungen bezüglich der Rechtspflege erfüllt, die bereits seit längerem gestellt worden waren.

a) Besonders betrafen die Klagen die Schwerfälligkeit und Kostspieligkeit des **Gerichtsverfahrens in bürgerlichen Rechtsstreitigkeiten.** Hier will die Verordnung vom 9. September 1915 (RGBl. S. 562) geändert durch die Verordnung vom 18. Mai 1916 (RGBl. S. 363) abhelfen.

Bei Verfahren vor den Amtsgerichten soll das Gericht, wenn im Termine beide Parteien erscheinen, vor Eintritt in die mündliche Verhandlung die Sühne versuchen. Berufung ist nur zulässig, wenn sie ausschließlich einen Anspruch betrifft, der die Zahlung einer Geldsumme zum Gegenstand hat und wenn der Wert des Berufungsgegenstandes 50 Mark übersteigt.

Die mündliche Verhandlung wird vereinfacht. Sind die Parteien durch Rechtsanwälte vertreten, so kann mit deren Einverständnis in amts- und landgerichtlichen Prozessen ohne mündliche Verhandlung entschieden werden. Die Entscheidung wird alsdann schriftlich mitgeteilt. Die Darstellung des Tatbestandes im ergehenden Urteil kann durch Bezugnahme auf den Inhalt der vorbereitenden Schriftsätze ersetzt werden.

b) Die Bekanntmachung vom 7. Oktober 1915 (RGBl. S. 631) bezweckt eine **Entlastung der Strafgerichte.** Vergehen gegen Vorschriften der Kriegsgesetze können, sofern keine höhere Strafe als ein Jahr Gefängnis angedroht ist, durch amtsrichterlichen Strafbefehl erledigt werden. Ferner kann in den zur Zuständigkeit der Strafkammer gehörigen Sachen, die bisher durch Beschluß des Landgerichts an das Schöffengericht verwiesen werden konnten, dessen Zuständigkeit künftig schon dadurch begründet werden, daß der Staatsanwalt die Eröffnung des Hauptverfahrens vor dem Schöffengericht beantragt.

c) Besondere Bedeutung hat die Bekanntmachung, betr. **Einigungsämter,** vom 15. Dezember 1914 (RGBl. S. 514).

Ist in einer Gemeinde ein Einigungsamt mit der Aufgabe betraut worden, zwischen Mietern und Vermietern oder zwischen Hypothekenschuldnern und Hypothekengläubigern zum Zwecke eines billigen Ausgleichs der Interessen zu vermitteln, so kann die Landeszentralbehörde anordnen, daß Mieter, Vermieter, Hypothekenschuldner und Hypothekengläubiger auf Erfordern des Einigungsamts vor diesem zu erscheinen haben. Die Gemeindebehörde kann sie hierzu durch Ordnungsstrafen anhalten. Mieter und Hypothekenschuldner sind verpflichtet, über die für die Vermittlung erforderlichen, von dem

Einigungsamt bestimmt zu bezeichnenden Tatsachen Auskunft zu erteilen, auf Erfordern unter Versicherung an Eides Statt. In einem Verfahren über gerichtliche Bewilligung von Zahlungsfristen sowie über die Folgen der nicht rechtzeitigen Zahlung einer Geldforderung ist das Einigungsamt vor der Entscheidung gutachtlich zu hören. Desgleichen im Verfahren über die Geltendmachung von Hypotheken, oben S. 13.

d) **Bekanntmachung, betr. die Todeserklärung Kriegsverschollener,** vom 18. April 1916 (RGBl. S. 296).

Nach den Vorschriften des Bürgerlichen Gesetzbuches ist die Todeserklärung eines Kriegsverschollenen zulässig, wenn seit dem Friedensschlusse drei Jahre verstrichen sind. Nach der Bekanntmachung soll die Todeserklärung bereits zulässig sein, wenn von dem Verschollenen ein Jahr lang keine Nachricht eingegangen ist.

e) **Genossenschaftsgesetz.** Durch Bekanntmachung vom 8. September 1914 (RGBl. S. 400) wird die Frist, innerhalb deren nach § 53 des Genossenschaftsgesetzes die Einrichtungen der Genossenschaften einer Prüfung zu unterziehen sind (zwei Jahre), um vier Monate verlängert.

Durch Bekanntmachung vom 17. Dezember 1914 (RGBl. S. 518) wird, während im allgemeinen eine Vertretung in der Generalversammlung nach dem Genossenschaftsgesetz nicht zulässig ist, gestattet, daß Kriegsteilnehmer das Stimmrecht in der Generalversammlung durch einen Bevollmächtigten ausüben. Für die Vollmacht ist die schriftliche Form erforderlich. Ein Bevollmächtigter kann mehr als einen Genossen vertreten.

Ist bei dem Gerichte, das die Liste der Genossen führt, infolge des Krieges ein Stillstand der Rechtspflege eingetreten, so gilt, falls die Tatsache, die nach dem Genossenschaftsgesetz das Ausscheiden eines Genossen begründet, nicht bis zum Schlusse des Geschäftsjahres, zu dem das Ausscheiden erfolgen soll, eingetragen ist, das Ausscheiden auch ohne Eintragen als erfolgt. Hierdurch wird aber die Verpflichtung des Vorstandes, die Eintragung in die Liste zu veranlassen, nicht berührt. Konnte der Vorstand dieser Verpflichtung nicht nachkommen, so hat er das Ausscheiden in dem von ihm geführten Verzeichnis der Genossen zu vermerken und das zur Eintragung für die Liste Erforderliche unverzüglich nach Wegfall des Hindernisses nachzuholen.

F. Die soziale Gesetzgebung.

Um den Versicherten die Anwartschaft aus den Versicherungen zu erhalten, sind eine Reihe von Verordnungen ergangen (z. B. 4. August 1914, RGBl. S. 334) in Ansehung der Krankenversicherung. Hiernach steht dem Aufenthalt im Inland im Sinne des § 313 Abs. 1 der Reichsversicherungsordnung (wonach ein aus der versicherungspflichtigen Beschäftigung ausgeschiedenes Mitglied trotzdem Mitglied der Kasse bleiben kann, solange es sich im Inlande aufhält) ein Aufenthalt im Ausland gleich, der durch den Kriegsdienst verursacht ist. Hat die Satzung der Kasse eine Wartezeit für die Leistungen bestimmt, so ruht während des Krieges der Fristenlauf für die Feldzugsteilnehmer. Die Zeit, für welche Beiträge weitergezahlt werden, wird auf die Wartezeit angerechnet. Versicherungsberechtigte, deren Mitgliedschaft nach § 314 Abs. 1 der Reichsversicherungsordnung, d. h. durch Unterlassung der Beitragsentrichtung erloschen ist, haben das Recht, binnen sechs Wochen nach ihrer Rückkehr in die Heimat in die Krankenversicherung wieder einzutreten.

Durch weitere Verordnung vom 4. August 1914 (RGBl. S. 337) werden zur Sicherung der Erhaltung der Leistungsfähigkeit der Krankenkassen die Leistungen auf 4½ % des Grundlohnes festgesetzt. Wenn eine Kasse leistungsunfähig wird, hat der Gemeindeverband oder bei Betriebskrankenkassen der Arbeitgeber einzutreten. Die Vorschriften über die Krankenversicherung der Hausgewerbetreibenden werden außer Kraft gesetzt.

Näheres vgl. Bl. f. Gen.-Wes. 1914, S. 605.

Für die Invalidenversicherung werden gemäß § 1393 der Reichsversicherungsordnung als Beitragswochen die vollen Wochen angerechnet, in denen der Versicherte zur Erfüllung der Wehrpflicht eingezogen ist, sofern er vorher berufsmäßig, nicht nur vorübergehend, versicherungspflichtig beschäftigt gewesen ist. Aber auch soweit letzteres nicht der Fall ist, wird gemäß Bekanntmachung vom 23. Dezember 1915 (RGBl. S. 845) die Militärdienstzeit als Zeit freiwilliger Versicherung angerechnet, ohne daß Beiträge entrichtet zu werden brauchen. Soweit die Beitragsleistung infolge Maßnahmen feindlicher Staaten gehindert ist, dürfen Beiträge, deren Entrichtung wegen Ablaufs der Frist nicht mehr zulässig sein würde, noch bis zum Schlusse desjenigen Kalenderjahres entrichtet werden, in dem der Krieg beendet ist.

Die Invalidenversicherung ist durch die Verordnung vom 12. Juni 1916 (RGBl. S. 525) erweitert. Altersrente erhält der Versicherte vom vollendeten fünfundsechzigsten Lebensjahr an, auch wenn er noch nicht Invalide ist. Die Wochenbeiträge sind erhöht.

Wichtig sind die Verordnungen zur Angestelltenversicherung. Der § 51 des Versicherungsgesetzes für Angestellte bestimmt, daß, sofern bereits ein Monatsbeitrag geleistet worden ist, auch ohne Beitragsleistung diejenigen Monate, in denen ein Versicherter zur Erfüllung der Wehrpflicht eingezogen worden ist, als Beitragsmonate angerechnet werden, jedoch nur insoweit, als es sich um die Zulässigkeit der freiwilligen Weiterversicherung bzw. um die Aufrechterhaltung der Anwartschaft handelt. Dagegen wird für die Kriegsteilnehmer, die sich bei der Angestelltenversicherung nicht freiwillig weiter versichern und Beiträge leisten, durch die Kriegsmonate die Wartezeit nicht zurückgelegt. Durch Bekanntmachung vom 26. August 1915 (RGBl. S. 531) ist diese Härte beseitigt, und zwar wird ebenso wie bei der Invalidenversicherung die Kriegszeit auf die Wartezeit und bei Berechnung der Versicherungsleistungen als Leistungszeiten angerechnet, ohne daß Beiträge entrichtet zu werden brauchen. Bereits entrichtete Leistungen werden zurückerstattet (vgl. Bl. f. Gen.-Wes. 1915, S. 714 ff.).

Versicherte, die während des Krieges infolge von Maßnahmen feindlicher Staaten verhindert sind, ihre Beiträge zu zahlen, können dieselben nachzahlen. Versicherte, die infolge des Krieges stellenlos werden oder ein geringeres Einkommen beziehen, können trotzdem für die Kriegsmonate die bisherigen Beiträge entrichten.

Nach § 398 des Angestelltenversicherungsgesetzes verfallen Ansprüche, die den Hinterbliebenen der Versicherten zustehen, wenn sie nicht innerhalb eines Jahres nach dem Tode des Versicherten geltend gemacht werden. Durch Verordnung vom 11. Mai 1916 (RGBl. S. 370) ist bestimmt, daß diese Frist für die Geltendmachung des Erstattungsanspruchs erst mit dem Schlusse des Kalenderjahres zu laufen beginnt, in welchem der Krieg beendet ist, wenn aber vorher der Tod in das Sterberegister eingetragen ist, mit dem Tage der Eintragung.

Nach § 1253 der Reichsversicherungsordnung wird die Hinterbliebenenrente auf ein Jahr rückwärts vom Eingang des Antrages an gezahlt. Die Rate wird nur dann für eine längere Frist gezahlt, wenn der Berechtigte durch Verhältnisse, die außerhalb seines Willens liegen, verhindert ist, den Antrag rechtzeitig zu stellen. Durch Verordnung vom 12. Mai 1916 (RGBl. S. 371) ist bestimmt, daß der Berechtigte als verhindert gilt, den Antrag rechtzeitig zu stellen, wenn der Versicherte Kriegsteilnehmer gewesen und vor der Feststellung seines Todes während des Krieges vermißt gewesen ist. Entsprechendes gilt für die Geltendmachung des Anspruchs auf Witwenrente. Stirbt ein Berechtigter, ohne Anspruch erhoben zu haben und ist er an der Erhebung des Anspruchs durch Kriegsverhältnisse verhindert gewesen, so sind die nächsten Angehörigen zur Geltendmachung berechtigt.

Den bei der Reichsversicherungsanstalt für Angestellte Versicherten, die am gegenwärtigen Kriege teilgenommen haben und infolge ihrer Teilnahme am Kriege dauernd berufsunfähig geworden sind oder werden, ist auf ihren Antrag die Hälfte der für sie an die Versicherungsanstalt entrichteten Pflichtbeiträge zu erstatten. Bei freiwilliger Versicherung werden $^3/_4$ der eingezahlten Beträge erstattet. Der Anspruch verfällt, wenn er nicht innerhalb eines Jahres nach Eintritt der Berufsunfähigkeit geltend gemacht wird. Die Frist beginnt jedoch erst mit dem Schlusse desjenigen Jahres, in welchem der Krieg beendigt ist (Verordnung vom 26. Mai 1916, RGBl. S. 425).

Durch Bekanntmachung vom 3. Dezember 1914 (RGBl. S. 492), 28. Januar 1915 (RGBl. S. 49) und 23. April 1915 (RGBl. S. 257) wird Wöchnerinnen der Kriegsteilnehmer eine Wochenbeihilfe gewährt.

Das Gesetz zur Unterstützung von Familien in den Dienst eingetretener Mannschaften vom 28. Februar 1888 ist durch Verordnungen erweitert, z. B. vom 4. August 1914 (RGBl. S. 332), 30. September 1915 (RGBl. S. 629), 21. Januar 1916 (RGBl. S. 55).

Die Bekanntmachung vom 14. Juni 1916 (RGBl. S. 519) ermächtigt die Landeszentralbehörden, die Gemeinden zu verpflichten, öffentliche unparteiische Arbeitsnachweise zu errichten und auszubauen; die Landeszentralbehörden können auch Anordnungen über die Einrichtung und den Betrieb solcher Arbeitsnachweise treffen. (Näheres Bl. f. Gen.-Wesen, 1916, S. 374.)

G. Die Volksernährung.

a. Allgemeines.

Von der durch Gesetz vom 4. August 1914 (RGBl. S. 327) dem Bundesrat erteilten Ermächtigung, während des Krieges diejenigen gesetzlichen Maßnahmen anzuordnen, die sich zur Abhilfe wirtschaftlicher Schädigungen als notwendig erweisen, ist auf keinem Gebiet so reichlich Gebrauch gemacht worden, wie auf dem der Volksernährung und der Beschaffung der Gegenstände des notwendigen Lebensbedarfs. Die Verordnungen haben sich zum Teil überstürzt und es ist auf einigen Gebieten, z. B. dem der Kartoffelversorgung, selbst Eingeweihten kaum möglich gewesen, alle Stufen genau zu verfolgen.

Von Maßnahmen allgemeiner Natur ist zunächst die Höchstpreisverordnung hervorzuheben (vom 4. August, jetzt in der Fassung vom 17. Dezember 1914, RGBl. S. 516). Für die Dauer des Krieges können für Gegenstände des täglichen Bedarfs Höchstpreise durch den Bundesrat, die Landeszentralbehörden oder die von diesen bestimmten Behörden festgesetzt werden. Für andere Gegenstände kann nur der Bundesrat Höchstpreise festsetzen. Das Eigentum an Gegenständen, für die Höchstpreise festgesetzt sind, kann beschlagnahmt werden; bei Getreide ist die Beschlagnahme schon auf dem Halme möglich. Durch Verordnung vom 11. November 1915 (RGBl. S. 758) ist die Einwirkung von Höchstpreisen auf laufende Verträge geregelt. Sind die Verträge über die festgesetzten Höchstpreise abgeschlossen, so gelten sie mit Inkrafttreten des Höchstpreises als zum Höchstpreis abgeschlossen, soweit die Lieferung zu diesem Zeitpunkt noch nicht erfolgt ist. Ergeben sich hierbei Streitigkeiten, so kann jede Partei eine schiedsgerichtliche Entscheidung beantragen.

In enger Verbindung mit der Höchstpreisverordnung steht die Verordnung über Vorratserhebungen (vom 2. Februar 1915 (RGBl. S. 54 u. 549), wonach während der Dauer des Krieges den von den Landeszentralbehörden bestimmten Behörden jederzeit Auskunft über die Vorräte an Gegenständen des täglichen Bedarfs sowie des Kriegsbedarfs zu geben ist.

Die ungewöhnliche Preissteigerung, die infolge des Krieges eingetreten ist, gab Veranlassung zu mehreren Verordnungen. Die Verordnung über den Aushang von Preisen in Verkaufsräumen des Kleinhandels vom 14. Juni 1915 (RGBl. S. 353) bestimmt, daß Verkäufer, die Gegenstände des täglichen Bedarfs absetzen, die Preise durch einen von außen sichtbaren, mit dem polizeilichen Stempel versehenen Anschlag am Verkaufslokal zur Kenntnis des Publikums zu bringen haben. Durch die Verordnung gegen übermäßige Preissteigerung (23. Juli 1915, RGBl. S. 467 und 23. März 1916, RGBl. S. 183) ist der Landeszentralbehörde die Befugnis gegeben, Gegenstände des täglichen Bedarfs zu beschlagnahmen. Der Übernahmepreis wird unter Berücksichtigung des Einkaufspreises und der Güte und Verwendbarkeit der Gegenstände von der höheren Verwaltungsbehörde nach Anhörung von Sachverständigen festgesetzt. Übersteigt der festgesetzte Übernahmepreis den Einkaufspreis um 5 v. H., so ist die Genehmigung der Landeszentralbehörde einzuholen. Bestraft wird, wer für Gegenstände des täglichen Bedarfs Preise fordert, die unter Berücksichtigung der gesamten Verhältnisse, insbesondere der Marktlage, einen übermäßigen Gewinn enthalten; ferner, wer solche Gegenstände zurückhält oder vernichtet, um dadurch einen übermäßigen Gewinn zu erzielen.

Nach der Verordnung vom 18. Mai 1916 (RGBl. S. 380 u. 505), betr. die äußere Kennzeichnung von Waren, kann der Reichskanzler anordnen, daß bei Gegenständen des täglichen Bedarfs Packungen oder Behältnisse, in denen sie an Verbraucher abgegeben werden, mit bestimmten Angaben zu versehen sind, insbesondere über den, der sie in Verkehr bringt, Herstellungszeit, Inhalt nach Maß, Zahl oder Gewicht und über den Kleinverkaufspreis. Der Preis für solche Gegenstände, die zum Weiterverkauf unter Festsetzung eines Kleinverkaufspreises geliefert sind, darf nachträglich nicht erhöht werden.

Durch Verordnung vom 26. Mai 1916 (RGBl. S. 422) ist bestimmt, daß vorstehende Anordnung Anwendung findet u. a. auf Fleisch-, Fisch-, Gemüse-, Milch-, Obstkonserven, Marmelade, Käse, Schokolade. Es müssen auf der Verpackung angegeben werden Name oder Firma des Herstellers, die Zeit der Herstellung, Inhalt nach handelsüblicher Bezeichnung. Bei Fleischkonserven muß das in der fertigen Ware vorhandene Mindestgewicht des knochenfreien Fleisches, bei Gemüse- und Obstkonserven das zur Zeit der Herstellung vorhandene Mindestgewicht des Gemüses oder Obstes ohne die zugesetzte Flüssigkeit angegeben werden. Ferner ist der Kleinhandelspreis anzugeben.

Die ungewöhnliche Preissteigerung verführt leicht dazu, aus der Not der Zeit ungerechten Nutzen zu ziehen. Unlautere Elemente müssen deshalb vom Handel mit Gegenständen des täglichen Bedarfs tunlichst ferngehalten werden. Nach der Verordnung über die Fernhaltung unzuverlässiger Personen vom Handel vom 23. September 1915 (RGBl. S. 603) ist Handeltreibenden der Handel mit Gegenständen des täglichen Bedarfs zu untersagen, wenn Tatsachen vorliegen, die die Unzuverlässigkeit des Handeltreibenden in bezug auf den Handelsbetrieb dartun. Die Wiederaufnahme des Handelsbetriebs kann frühestens nach drei Monaten gestattet werden.

In Kreisen der Verbraucher und der Landwirte wurde besondere Klage darüber geführt, daß die Preise durch den sog. Kettenhandel übermäßig verteuert würden. Die Verordnung vom 24. Juni 1916 (RGBl. S. 581) bestimmt daher, daß der Handel mit Lebens- und Futtermitteln vom 1. August 1916 ab nur solchen Personen gestattet ist, denen eine Erlaubnis dazu erteilt ist. Diese Vorschrift findet keine Anwendung auf den Verkauf selbstgewonnener Erzeugnisse der Land- und Forstwirtschaft, auf Kleinhandelsbetriebe, die nur unmittelbar an Verbraucher verkaufen. Die Erlaubnis wird auf Antrag erteilt, sie kann örtlich und zeitlich begrenzt werden. Gegen die Versagung oder Zurücknahme der Erlaubnis ist Beschwerde zulässig. Zur Erteilung der Erlaubnis sind durch die Landeszentralbehörden besondere Stellen zu errichten. Übertretungen werden bestraft. Desgleichen macht sich strafbar, wer durch unlautere Machenschaften, insbesondere Kettenhandel, den Preis für Lebens oder Futtermittel steigert. Schließlich ist es verboten, in periodischen Druckschriften oder in sonstigen, für einen größeren Personenkreis bestimmten Mitteilungen ohne vorherige Genehmigung der Polizei sich zum Erwerbe von Lebens- oder Futtermitteln zu erbieten oder zur Abgabe von Preisangeboten aufzufordern oder bei Ankündigungen über Erwerb oder Veräußerung von Lebens- oder Futtermitteln Angaben zu machen, die geeignet sind, einen Irrtum über die geschäftlichen Verhältnisse des Anzeigenden oder die Menge der ihm zur Verfügung stehenden Vorräte und über Anlage oder Zweck des Ankaufs oder Verkaufs zu erwecken.

Verkauf, Feilhalten und Anbieten von Nahrungs- und Genußmitteln unter einer zur Täuschung geeigneten Bezeichnung oder Angabe ist durch Verordnung vom 26. Juni 1916 (RGBl. S. 588) verboten.

Schließlich sind durch Verordnung vom 25. September 1915 (RGBl. S. 607, 708 und 1916, S. 439) Preisprüfungsstellen errichtet und besondere Bestimmungen über die Versorgungsregelung getroffen worden. Die Preisprüfungsstellen haben die Aufgabe, Unterlagen für die Preisregelung der Gegenstände des notwendigen Lebensbedarfs zu schaffen und die zuständigen Stellen bei der Überwachung des Verkehrs mit diesen Gegenständen zu unterstützen. Gemeinden mit über 10000 Einwohnern sind verpflichtet, die übrigen berechtigt, Preisprüfungsstellen zu errichten. Den Preisprüfungsstellen liegt es ob, die den örtlichen Verhältnissen angemessenen Preise zu ermitteln, Gutachten über die Angemessenheit der Preise abzugeben, die zuständigen Stellen bei der Überwachung des Handels zu unterstützen. Zu diesem Zwecke sind den Preisprüfungsstellen eine ganze Anzahl Befugnisse erteilt. Für das Reichsgebiet ist eine Reichsprüfungsstelle mit dem Sitz in Berlin errichtet.

In Ansehung der Versorgungsregelung sind durch die in Rede stehende Verordnung den Gemeinden und Kommunalverbänden weitgehende Befugnisse eingeräumt. Sie können für die Handels- und Gewerbetreibenden Vorschriften hinsichtlich des Betriebes, insbesondere des Erwerbes, Absatzes, der Preise und der Buchführung erlassen, können auch die Versorgung selbst übernehmen oder gemeinnützigen Einrichtungen oder bestimmten Handels- und Gewerbetreibenden übertragen. Außerdem ist zugunsten der Gemeinden ein Beschlagnahmerecht eingeführt, das durch Beschluß der zuständigen Behörde ausgeübt wird.

Zur Durchführung der erforderlichen wirtschaftlichen Maßnahmen sind eine ungemein große Zahl von Bundesratsverordnungen ergangen, die zum Teil von einschneidender Bedeutung sind. Diese Verordnungen des Bundesrats stellen in der Hauptsache Blankovollmachten der Reichsregierung an die Bundesstaaten und Kommunalverbände dar. Über die Art und Weise der Durchführung der Maßnahmen entscheiden die Bundesstaaten, Kommunalverbände usw. selbständig. Diese Dezentralisierung hatte zur Folge, daß gewisse Gegensätze und Reibungen entstanden, so namentlich zwischen Stadt und Land, zwischen benachbarten Städten usw. Durch die Verordnung, betr. Kriegsmaßnahmen zur Sicherung der Volksernährung, vom 22. Mai 1916 (RGBl. S. 401) soll diesen Mißständen abgeholfen werden. Der Reichskanzler wird hiernach ermächtigt, Lebensmittel und Rohstoffe, die zur Lebensmittelversorgung erforderlich sind, für die Volksernährung in Anspruch zu nehmen. Er kann ferner über Futtermittel und andere Gegenstände, die zur Viehversorgung erforderlich sind, verfügen. Der Reichskanzler kann die zur Durchführung dieser Bestimmung nötigen Anordnungen treffen. Die vom Bundesrat zur Sicherung der Volksernährung erlassenen Verordnungen bleiben jedoch unberührt. Der Reichskanzler kann aber in dringenden Fällen abweichende Bestimmungen treffen. Diese sind dem Bundesrat unverzüglich vorzulegen. Der Reichskanzler kann die Befugnisse, die ihm hiernach zustehen, durch eine seiner Aufsicht unterstehende Behörde ausüben. Von dieser Befugnis hat der Reichskanzler Gebrauch gemacht und unter dem Namen „Kriegsernährungsamt" eine Behörde errichtet, der die dem Reichskanzler nach vorstehender Verordnung zustehenden Befugnisse übertragen sind. Das Kriegsernährungsamt hat einen Vorstand, der aus 7 bis 9 Personen besteht, sowie einen Beirat.

Besondere Anordnungen machte ferner die Sicherstellung von Kriegsbedarf notwendig. Diese Anordnungen sind durch die Bekanntmachung vom 24. Juni 1915 (RGBl. S. 357) getroffen. Während der Dauer des Krieges kann das Eigentum an Gegenständen, die bei der Herstellung und dem Betriebe von Kriegsbedarfsartikeln zur Verwendung gelangen können, durch Anordnung der Kriegsministerien oder des Reichsmarineamts beschlagnahmt und enteignet werden. Daß von dieser Befugnis weitgehender Gebrauch gemacht wurde, ist bekannt.

b. Einzelverordnungen.

Aus der Fülle der Einzelverordnungen sei folgendes hervorgehoben:

1. Getreide.

Deutschland verbrauchte im Frieden an vielen Bedarfsgegenständen insbesondere aber auch an Brotgetreide weit größere Mengen als im Inland erzeugt werden. Da unsere Feinde dazu übergingen, uns die Zufuhr abzuschneiden, sah sich unsere Regierung vor die Aufgabe gestellt, eine Organisation zu schaffen, die die Verwendung des Getreides für die Zwecke menschlicher Ernährung sicherstellt, anderseits jedem einzelnen einen gewissen Anteil zuweist und gleichzeitig einen Mehrverbrauch des Einzelnen ausschließt. Diese Aufgabe ist glänzend durch die Schaffung der Brotkarte gelöst worden. Die

Brotkarte ist eine Berechtigungskarte, gleichzeitig aber auch eine Beschränkungskarte, d. h. sie gibt jedem Inhaber einen Anspruch auf Lieferung der angegebenen Menge Brot oder Mehl, schließt aber anderseits, da Lieferung nur gegen Abgabe eines entsprechenden Abschnittes der Karte erfolgt, aus, daß der Einzelne mehr bezieht, als sein Anteil ist. Die Regelung des Verkehrs mit Brotgetreide und Mehl beruht auf der wichtigen Verordnung, betr. den Verkehr mit Brotgetreide und Mehl aus dem Erntejahr 1915, vom 28. Juni 1915 (RGBl. S. 363) mit einzelnen späteren Änderungen. Die Regelung ist in ihren Grundzügen äußerst einfach, sie gilt mit einigen Änderungen auch für das Erntejahr 1916 (Verordnung vom 29. Juni 1916, RGBl. S. 613). Das gesamte, im Deutschen Reiche angebaute Brotgetreide wird mit der Trennung vom Boden für den Kommunalverband beschlagnahmt. Die Beschlagnahme endigt mit dem freihändigen Eigentumserwerb der Reichsgetreidestelle für den Kommunalverband oder mit der Enteignung. Für die Verteilung und zweckmäßige Verwendung der vorhandenen Vorräte ist die Reichsgetreidestelle geschaffen. Die Verteilung selbst geschieht in folgender Weise:

Die Kommunalverbände hatten bis zum 1. August 1915 der Reichsgetreidestelle anzugeben, wie groß die Ernteerträge ihres Bezirks nach den einzelnen Getreidearten zu schätzen sind und wie groß die Zahl der versorgungsberechtigten Bevölkerung ist. Auf Grund dieser Angaben berechnet die Reichsgetreidestelle, welche Mehlmenge täglich auf den Kopf der Zivilbevölkerung verbraucht werden darf, wie groß der Bedarfsanteil jedes Kommunalverbandes ist, d. h. wieviel Brotgetreide oder Mehl ihm für seine Zivilbevölkerung zusteht, wieviel Brotgetreide aus den einzelnen Kommunalverbänden abzuliefern ist, innerhalb welcher Fristen u. dgl. m. Jeder Kommunalverband ist berechtigt, mit seinem Brotgetreide bis zur Höhe seines Bedarfsanteils selbst zu wirtschaften. Sämtliche Kommunalverbände haben den Verbrauch der Vorräte in ihrem Bezirk zu regeln, insbesondere die Verteilung von Mehl an die Bäcker, Kleinhändler usw. vorzunehmen. Dabei darf insgesamt nicht mehr Mehl abgegeben werden, als die von der Reichsgetreidestelle festgesetzte Menge beträgt. Die Kommunalverbände haben zu diesem Zweck insbesondere durch Ausgabe von Brotkarten eine Verbrauchsregelung einzuführen und eine Mehlverteilungsstelle einzurichten. Die Kommunalverbände sind befugt, die erforderlichen Maßnahmen zu treffen, insbesondere anzuordnen, daß nur bestimmte Backwaren zu bestimmten Preisen bereitet, daß Mehl und Backware nur von bestimmten Abgabestellen und zu bestimmten Zeiten abgegeben werden dürfen. Die Kommunalverbände können den Gemeinden die Regelung des Verbrauchs für den Bezirk oder Gemeinde übertragen. Gemeinden über 10000 Einwohner können die Übertragung verlangen.

Die Reichsgetreidestelle hat eine Verwaltungsabteilung und eine Geschäftsabteilung und untersteht dem Reichskanzler. Die Geschäftsabteilung ist eine Ges. m. b. H.

Außer diesen Grundzügen enthält die Verordnung noch einzelne Bestimmungen über Ausmahlen des Getreides, über Kleie u. dgl.

Daneben bestehen aber noch eine ganze Menge weiterer Verordnungen, deren Zweck ebenfalls die Sicherstellung der Volksernährung ist. Zum Teil greifen auch sie ganz außerordentlich weit in die Lebensführung ein.

Die Verordnung über die Bereitung von Backware (jetzt in der Fassung vom 26. Mai 1916, RGBl. S. 413, 540). Hiernach dürfen zur Bereitung von Brot Weizen- und Roggenauszugsmehl nicht verwendet werden. Bei der Bereitung von Weizenbrot muß eine vorgeschriebene Mindestmenge von Roggenmehl, bei der Bereitung von Roggenbrot muß auch Kartoffelmehl verwendet werden. Roggenbrot, zu dessen Bereitung mehr als 10 Gewichtsteile Kartoffelflocken auf 90 Gewichtsteile Roggenmehl verwendet sind, muß mit dem Buchstaben K Roggenbrot, zu dessen Bereitung mehr als 20 Gewichtsteile Kartoffelflocken verwendet werden, muß mit dem Buchstaben KK bezeichnet werden. Zur Bereitung von Roggenbrot darf Weizenmehl nicht verwendet werden. Ausnahmen sind zulässig. Statt Kartoffeln können auch Bohnenmehl, Erbsenmehl, Hafermehl, Maismehl, Reismehl usw. verwendet werden. Backware darf nicht in der Zeit zwischen 7 Uhr abends und 7 Uhr morgens hergestellt werden. Roggenbrot von mehr als 50 Gramm Gewicht darf erst 24 Stunden nach dem Backen abgegeben werden. Bei der Bereitung von Kuchen darf nicht mehr als die Hälfte des Gewichts der verwendeten Mehle aus Weizen bestehen. Durch die Verordnung vom 16. Dezember 1915 (RGBl. S. 823) ist die Herstellung von Kuchen in bezug auf Verwendung von Eier, Fett u. dgl. noch weiteren Beschränkungen unterworfen.

Die Knappheit, die infolge der Beschränkung auf die eigene Erzeugung eintrat, zwang zur Streckung der Vorräte. Das ließ sich am ersten durch verschärftes Ausmahlen des Getreides erreichen. Hierüber sind mehrere Verordnungen ergangen. Zurzeit ist in Geltung die Verordnung vom 28. Juni 1915 (RGBl. S. 379). Roggen ist bis mindestens 82 %, Weizen bis mindestens 80 % auszumahlen.

Das Verfüttern von Roggen, Weizen, Mehl und Brot ist verboten, Verordnung vom 28. Juni 1915 (RGBl. S. 381), ferner Verfüttern von gemahlenem Roggen oder Weizen, Verordnung vom 20. Mai 1915 (RGBl. S. 287).

Um Ernteflächen nicht ungenutzt liegen zu lassen, ist die Verwaltungsbehörde berechtigt, die Nutzung von Grundstücken dem Berechtigten, der sie nicht selbst bestellt, zu entziehen und dem Kommunalverbande zu übertragen. Bekanntmachung vom 31. März 1915 (RGBl. S. 210)/9. September 1915 (RGBl. S. 557). Die Verordnung findet auch auf städtische zur Landwirtschaft oder gärtnerischen Benutzung geeignete Grundstücke Anwendung (4. April 1916, RGBl. S. 236). Personen, die wegen Einbruchs feindlicher Truppen ihre bisherige landwirtschaftliche Beschäftigung aufgegeben haben, können Verträge, die sie zu Diensten außerhalb des Bezirks ihrer früheren Beschäftigung verpflichten, behufs Rückkehr dorthin mit fünftägiger Frist kündigen (31. März 1915, RGBl. S. 210). Durch Verordnung vom 4. April 1916 (RGBl. S. 234) können für Gemeinden mit über 10000 Einwohnern Höchstpreise für Pachtungen von Kleingärten festgesetzt werden. Besitzer von Forsten müssen deren Benutzung als Viehweiden sowie das Sammeln von Streumaterial gestatten (13. April 1916, RGBl. S. 275).

Um die Gewißheit zu haben, daß wir bei den für den Verbrauch freigegebenen Mengen von Getreide reichen, wurden mehrfach Vorratserhebungen veranstaltet. Selbstverständlich ist, daß für Brotgetreide Höchstpreise festgesetzt sind, jetzt in der Fassung vom 23. Juli 1915 (RGBl. S. 458). Die Einfuhr von ausländischem Getreide erfolgt durch die Zentraleinkaufsgesellschaft (11. September 1915, RGBl. S. 569).

2. Kartoffeln.

Nächst dem Getreide ist die Kartoffel das wichtigste Volksnahrungsmittel. Leider hat sich bisher die Kartoffelversorgung nicht so glatt regeln lassen wie die der Brotversorgung. Die Ursachen sind darin zu finden, daß, trotzdem ausreichende Mengen Kartoffeln zur Verfügung stehen, man es bisher an wirklich durchgreifenden Maßnahmen hat fehlen lassen, sowie darin, daß Kartoffeln während der Frostzeit nicht transportiert werden können, der Frost aber bald nach der Ernte einzusetzen pflegt, so daß nur wenige Wochen für die Versorgungsregelung bleiben.

Zur Regelung der Kartoffelversorgung ist eine Reichskartoffelstelle errichtet (9. Oktober 1915, RGBl. S. 647), die, ähnlich wie die Reichsgetreidestelle, aus einer Verwaltungsabteilung und einer Geschäftsabteilung, letztere in der Form der Ges. m. b. H. besteht. Sie hat für die Verteilung von Kartoffelvorräten zur Ernährung der Bevölkerung zu sorgen. Daneben bestehen in den einzelnen Provinzen Provinzialkartoffelstellen. Die Kommunalverbände haben die für die Ernährung der Bevölkerung erforderlichen Mengen an Speisekartoffeln zu beschaffen, Verordnung vom 7. Februar 1916 (RGBl. S. 86). Für die Versorgung ist zu unterscheiden zwischen Bedarfs- und Überschußbezirken. Alle Bedarfsbezirke hatten bis zum 10. März 1916 ihren Bedarf bei der Reichskartoffelstelle anzumelden, diese stellte einen Verteilungsplan auf. Den Überschußprovinzen wurde bis zum 15. März von der Reichskartoffelstelle eine Aufstellung übersandt, aus der ersichtlich war, wieviel der einzelne Kommunalverband an Kartoffeln zu liefern hatte. Bedarfsanmeldungen wurden zunächst aus Überschußbezirken derselben Provinz gedeckt. Die Bedarfsverbände erhalten von der Reichskartoffelstelle Nachricht, von welcher Provinzialkartoffelstelle ihr Fehlbedarf gedeckt werden wird. Die Überschußverbände werden von der Provinzialkartoffelstelle benachrichtigt, welche Mengen und an welche Bedarfsverbände sie zu liefern haben. Die Geschäftsabwicklung vollzieht sich unmittelbar zwischen Überschußverband und Bedarfsverband, und zwar in der Weise, daß der Überschußverband durch den von ihm herangezogenen Handel für den Ankauf sorgt, während der Bedarfsverband lediglich die angekauften Mengen abnimmt. Selbständig seinen Fehlbedarf durch Ankauf zu decken, ist der Bedarfsverband nicht befugt. Durch Verordnung vom 26. Juni 1916 (RGBl. S. 590) ist die Kartoffelversorgung für die Zeit vom 16. August 1916 bis 15. August 1917 geregelt. Es sind nur einige Grundsätze aufgestellt, die Durchführung im einzelnen ist den Kommunalverbänden übertragen. Diese haben ihren Bedarf bei der Reichskartoffelstelle anzumelden. Die Reichskartoffelstelle kann die Lieferung einem Überschußverband oder einer Provinzialkartoffelstelle übertragen. Die Kommunalverbände haben die abgenommenen Kartoffeln sorgfältig aufzubewahren.

Durch Verordnung jetzt in der Fassung vom 2. März 1916 (RGBl. S. 140) sind Höchstpreise festgesetzt (90—96 Mark die Tonne, ab 15. April 1916 bis 15. Juni 1916, am 15. jeden Monats sich um 5 Mark für die Tonne erhöhend).

Jeder Kartoffelerzeuger hat auf Erfordern alle Kartoffelvorräte abzugeben, die zur Fortführung seines Betriebes nicht erforderlich sind. Auch ohne Rücksicht auf seinen Wirtschaftsbedarf hat er 4 Zentner vom Hektar seiner Kartoffelanbaufläche des Erntejahres 1915 abzugeben (31. März 1916, RGBl. S. 223). Für den eigenen Bedarf darf bis zum 31. Juli 1916 nur ein Pfund für jeden Angehörigen der Wirtschaft zurückgehalten werden (Verordnung vom 19. Juni 1916, RGBl. S. 532). Das Verfüttern von Kartoffeln ist durch Verordnung vom 15. April 1916 (RGBl. S. 284) eingeschränkt, zurzeit gänzlich verboten (Verordnung vom 8. Juni 1916, RGBl. S. 446). Die aus dem Ausland eingeführten Kartoffeln sind an die Reichskartoffelstelle abzuliefern (7. Februar 1916, RGBl. S. 85).

Enteignung von Kartoffeln ist zulässig. In diesem Falle ist der Preis um 30 Mark für die Tonne zu kürzen. Gemeinden über 10000 Einwohner sind verpflichtet, die übrigen berechtigt, Höchstpreise für den Kleinhandel festzusetzen (2. März 1916, RGBl. S. 140).

3. Fleisch und Fische.

Eine eingehende Regelung des Verkehrs und Verbrauchs mit Fleisch ist erst sehr spät erfolgt. Man hoffte immer, so dringend auch von manchen Seiten die Einführung von Fleischkarten verlangt wurde, ohne solche auszukommen. Am 28. November 1915 (RGBl. S. 714) erging zunächst die Verordnung über die Einschränkung des Fleisch- und Fettverbrauchs, wonach an bestimmten Tagen Fleisch an Verbraucher nicht gewerbsmäßig abgegeben und außerdem an bestimmten Tagen in Gastwirtschaften Fett oder Speck nicht verwendet und am Sonnabend kein Schweinefleisch verabfolgt werden darf. Durch die Verordnung vom 31. Mai 1916 (RGBl. S. 433) ist die Beköstigung in Speisewirtschaften noch weiter vereinfacht. Mehr als zwei Fleischgerichte dürfen zu einer Mahlzeit nicht zur Auswahl gestellt werden. Auch für feste Speisefolgen sind Vorschriften gegeben.

Die Regelung der Fleischversorgung ist durch Verordnung vom 27. März 1916 (RGBl. S. 199) erfolgt. Es ist eine Reichsfleischstelle errichtet worden. Diese hat die Aufgabe, die Fleischversorgung, insbesondere die Aufbringung von Vieh und Fleisch im Reichsgebiet und deren Verteilung zu regeln. Ferner liegt ihr die Verteilung des aus dem Ausland eingeführten Schlachtviehs und Fleisches, einschließlich der Fleischwaren ob. Schlachtungen sind nur in dem von der Reichsfleischstelle festgesetzten Umfange gestattet. Hausschlachtungen sind nur dann gestattet, wenn der Besitzer das Tier in seiner Wirtschaft mindestens sechs Wochen gehalten hat. Durch die Landeszentralbehörden können Hausschlachtungen noch weiter beschränkt werden; vielerorts sind sie bekanntlich einstweilen ganz verboten worden. Die Landeszentralbehörden haben für rechtzeitige und vollständige Beschaffung des Schlachtviehs zu sorgen, gegebenenfalls durch Enteignung, soweit freihändige Beschaffung nicht möglich ist. Die Landeszentralbehörden regeln den Verkehr mit Schlachtvieh, sie können bestimmen, daß der An- und Verkauf von Schlachtvieh ausschließlich durch die von ihnen bezeichneten Stellen erfolgen darf.

In Preußen ist demgemäß der Handel mit Vieh geregelt. Sämtliche Viehhändler eines Bezirks sind zu einem Verbande zusammen geschlossen. Der Handel mit Vieh ist nur den mit einer Ausweiskarte versehenen Mitgliedern gestattet.

Die Gemeinden sind verpflichtet, eine Verbrauchsregelung von Fleisch- und Fettwaren in ihrem Bezirk vorzunehmen.

Die gewerbsmäßige Herstellung von Fleischkonserven ist verboten, zur Herstellung von Wurstwaren darf nicht mehr als $^1/_3$ des Gewichts ausgeschlachteter Rinder, Schweine und Schafe verwendet werden (31. Januar 1916, RGBl. S. 75).

Für Schlachtschweine und Schweinefleisch sind Höchstpreise festgesetzt. Der Verkauf von Schweinen darf nur nach Lebendgewicht erfolgen. Die Gemeinden können Höchstpreise für den Verkauf an Verbraucher festsetzen (14. Februar 1916, RGBl. S. 99). Aus dem Ausland eingeführtes Vieh, Fleisch, sowie Fleischwaren sind an die Zentraleinkaufsgesellschaft zu liefern (18. März 1916, RGBl. S. 175).

Fische. Durch die Verordnung vom 1. Mai 1916 (RGBl. S. 347) ist der Reichskanzler ermächtigt, Preise für den Großhandel mit Fischen nach Anordnung von Sachverständigen festzusetzen. Die Gemeinden mit über 10000 Einwohnern sind verpflichtet, Höchstpreise für den Kleinhandel festzusetzen. Die Einführung von Salzheringen erfolgt durch die Zentraleinkaufsgesellschaft (17. Januar 1916, RGBl. S. 45). — Für Süßwasserfische beim Verkauf im Großhandel sind Höchstpreise festgesetzt (Verordnung vom 24. Juni 1916, RGBl. S. 585).

Futtermittel. Mit der Fleischversorgung sowie der Versorgung mit Milch, Butter und Fett steht die Beschaffung der Futtermittel im Zusammenhang. Die infolge der Einfuhrstockung eingetretene Knappheit an Futtermitteln ist eine der Ursachen, daß auch an Fleisch und Fetten eine recht empfindliche Knappheit eingetreten ist.

Zur Durchführung der Vorschriften des Bundesrats über den Verkehr mit Hafer, Gerste, zuckerhaltigen Futtermitteln und Kraftfuttermitteln einschließlich der Kleie ist durch Verordnung vom 23. Juli 1915 (RGBl. S. 455) eine Reichsfuttermittelstelle errichtet worden. Sie hat die Aufgabe, für die Sicherung und Verteilung der inländischen Futtermittel zu sorgen. Soweit Hafer und Gerste in Betracht kommen, wirkt hierbei die Zentralstelle zur Beschaffung der Heeresverpflegung, soweit Kleie, zuckerhaltige und Kraftfuttermittel in Betracht kommen, die Bezugsvereinigung der Deutschen Landwirte, Ges. m. b. H., mit.

Die Reichsfuttermittelstelle ist eine Behörde unter Aufsicht des Reichskanzlers. Sie hat einen aus Sachverständigen bestehenden, vom Reichskanzler bestellten Beirat, der über grundsätzliche Fragen, insbesondere über die Grundsätze für die Verteilung der Futtermittel zu hören ist.

Über den Verkehr mit Futtermitteln sind Sonderverordnungen ergangen, so über Kraftfuttermittel und zuckerhaltige Futtermittel (vom 28. Juni 1915, RGBl. S. 399 u. 405), die nur durch die Bezugsvereinigung der Deutschen Landwirte Ges. m. b. H. abgesetzt werden dürfen. Hafer und Gerste sind für die Kommunalverbände beschlagnahmt. Sichergestellt ist insbesondere der Bedarf der Heeres- und Marineverwaltung. In Ansehung der Gerste setzt die Reichsfuttermittelstelle fest, welche Betriebe Gerste verarbeiten dürfen und in welcher Menge. Für die Bierbrauereien ist hierbei das Malzkontingent maßgebend. Die Kontingente sind wiederholt herabgesetzt worden, zuletzt 3. Januar 1916 (RGBl. S. 77). Außerdem sind für Hafer und Gerste Höchstpreise festgesetzt. Aus dem Ausland eingeführte Futtermittel sind an die vom Reichskanzler bezeichneten Stellen abzuliefern (Zentraleinkaufsgesellschaft oder Bezugsvereinigung deutscher Landwirte).

Schließlich ist an dieser Stelle noch die Verordnung über die Verwertung von Speiseresten und Küchenabfällen vom 26. Juni 1916 (RGBl. S. 593) zu erwähnen. In Gemeinden von mehr als 40000 Einwohnern können die Haushaltungsvorstände verpflichtet werden, Speisereste und Küchenabfälle zu sammeln und an eine Sammelstelle abzuliefern. Die Abfälle werden zu Milchkraftfutter verwendet, dies geschieht durch die Reichsgesellschaft für Deutsches Milchkraftfutter.

4. Fette.

Besonders empfindlich ist die Knappheit an Fetten. Zahlreiche Verordnungen sind ergangen, die die zweckentsprechende Verwendung der Fette sicherstellen sollen. Durch Verordnung vom 8. November 1915 (RGBl. S. 735) sind Öle und Fette beschlagnahmt und dürfen nur durch den Kriegsausschuß für pflanzliche und tierische Öle und Fette, G. m. b. H., Berlin, abgesetzt werden. Der Kriegsausschuß verteilt die Öle und Fette und regelt die Abgabe der aus den zugeteilten Ölen und Fetten hergestellten Waren. Öle und Fette dürfen zu technischen Zwecken nicht verwendet werden, auch nicht zur Herstellung von Seifen, Lacke usw. (6. Januar 1916, RGBl. S. 3 u. 9. Februar 1916, RGBl. S. 143) oder kosmetischen Mitteln (1. Mai 1916, RGBl. S. 346).

Bei gewerblichen Schlachtungen von Rindvieh und Schafen ist der Unternehmer verpflichtet, die Innenfette und Abfallfette auf Verlangen des Kriegsausschusses vom Tierkörper loszutrennen und an Sammelstellen zu liefern. Gewerbsmäßige Verkäufer sind verpflichtet, Fettblöcke, soweit sie sich beim Verkauf von Fleisch ergeben, abzuliefern (16. März 1916, RGBl. S. 165). Das Fetten von Brotlaiben ist verboten (1. Mai 1916, RGBl. S. 148). Durch Verordnung vom 26. Juni 1916 (RGBl. S. 589) sind die gewerbsmäßigen fetthaltigen Zubereitungen, die Butter oder Schweineschmalz zu ersetzen bestimmt sind, verboten. Margarine, die in 100 Gewichtsteilen weniger als

76 Gewichtsteile Fett oder mehr als 20 Gewichtsteile Wasser enthält, darf gewerbsmäßig nicht hergestellt oder verbraucht werden.

Auf Grund der Verordnung vom 8. Juni 1916 (RGBl. S. 447) sind Gemeinden über 5000 Einwohner verpflichtet, den Verkehr mit Speisefetten in ihrem Bezirk zu regeln. Insbesondere sind die im Gemeindebezirk eingehenden Buttermengen anzuzeigen, Speisefettkarten auszugeben und die Abgabe von Speisefetten zu regeln.

Während der Drucklegung ist die Versorgung der Bevölkerung mit Speisefetten (Butter, Butterschmalz, Margarine, Kunstspeisefett, Schweineschmalz, Speisetalg, Speiseöle) in einheitlicher und zusammenfassender Weise für das ganze Reichsgebiet geregelt worden. Organe der Versorgungsregelung sind eine neu zu bildende „Reichsstelle für Speisefett", ferner Landesverteilungsstellen für jeden Bundesstaat oder für mehrere Bundesstaaten zusammen, Bezirksverteilungsstellen nach Bedarf und schließlich die Kommunalverbände. Die „Reichsstelle für Speisefett" ist ganz ähnlich aufgebaut nnd zusammengesetzt wie die Reichsgetreidestelle. Sie besteht aus einer Verwaltungsabteilung, die eine Behörde, und einer Geschäftsabteilung, die eine Gesellschaft mit beschränkter Haftung ist. Die Verwaltungsabteilung hat die Kopfration des Speisefettverbrauchs festzusetzen (vorläufig 90 g wöchentlich) und einen Verteilungsplan für die Ablieferung von den Kommunalverbänden und die Zuweisung an sie aufzustellen.

Zur Durchführung der Versorgung werden die in Molkereien hergestellten Speisefette für den Kommunalverband, in dem die Molkerei liegt, beschlagnahmt. Als Molkerei gilt dabei jeder Betrieb, in dem täglich mehr als 50 Liter Milch im Durchschnitt verarbeitet werden. Trotz der Beschlagnahme bleibt die Rücklieferung von Butter an die Milchlieferer sowie die Verwendung von Butter in der eigenen Wirtschaft, sofern die Molkerei ein landwirtschaftlicher Nebenbetrieb ist, mit Einschränkungen erlaubt. Außerdem können die Kommunalverbände ohne Beeinträchtigung des eigenen Bedarfs der Hersteller die käufliche Überlassung der in ihrem Bezirke vorhandenen, nicht in Molkereien hergestellten Speisefette verlangen und können verbieten, daß diese Speisefette anderweitig abgesetzt werden. Dadurch kann der An- und Verkauf von Butter durch Händler, welche nicht vom Kommunalverband zugelassen sind, verhindert werden; auch wird hierdurch die sogenannte „Bauernbutter" der allgemeinen Verkehrsregelung unterworfen. Weiter können die Kommunalverbände die Herstellung von Butter in landwirtschaftlichen Betrieben, aus denen die Milch oder die Sahne an Molkereien zu liefern ist, untersagen und dadurch verhindern, daß Buttermengen der allgemeinen Versorgungsregelung entzogen werden. Schließlich können Halter von Kühen soweit es zur Sicherung des Bedarfs an Milch und Fett für die Gesamtbevölkerung erforderlich ist, angehalten werden, Milch an Molkereien oder andere Stellen zu liefern; auch kann die Entrahmung der Milch und die Lieferung des Rahms angeordnet werden.

Die Verbrauchsregelung liegt in den Händen der Kommunalverbände, die laufend ihre Überschüsse an die Verteilungsstellen abzuliefern haben.

5. Milch.

Um die Milch möglichst für die Zwecke der Ernährung sicher zu stellen, ist durch Verordnung vom 2. September 1915 (RGBl. S. 545) verboten, Vollmilch, Sahne in gewerblichen Betrieben zum Backen zu verwenden, Schlagsahne in Konditoreien usw. zu verabfolgen. Zur gewerbsmäßigen Herstellung von Süßigkeiten und Schokolade darf Milch, Sahne oder Fett nicht verwendet werden (16. Dezember 1915, RGBl. S. 821). Die Gemeinden sind berechtigt, Höchstpreise festzusetzen, Gemeinden mit über 10000 Einwohnern sind dazu verpflichtet. Die Gemeinden sind berechtigt, die vorzugsweise Berücksichtigung der Kinder, stillenden Mütter und Kranken bei der Verteilung der vorhandenen Milchmenge sicher zu stellen. Alles Nähere ist den Gemeinden überlassen (4. November 1915, RGBl. S. 723). Durch Verordnung vom 11. November 1915 (RGBl. S. 757) sind über den Maßstab, nach welchem Kinder, stillende Mütter und Kranke zu berücksichtigen sind, nähere Bestimmungen getroffen. Die Einfuhr von kondensierter Milch und Milchpulver hat durch die Zentraleinkaufsgesellschaft zu erfolgen (18. April 1916, RGBl. S. 292). Vgl. auch Ziff. 4.

6. Butter.

Grundlegend für die Regelung des Verkehrs mit Butter ist die Verordnung vom 22. Oktober 1915 (RGBl. S. 689), wonach der Reichskanzler Grundpreise für Butter am Berliner Buttermarkt festsetzen kann. Diese Grundpreise sind für das Reichsgebiet mit gewissen Ausnahmen maßgebend. Durch Verordnung vom 24. Oktober 1915

(RGBl. S. 705) sind Grundpreise festgesetzt, und zwar 2,40 Mark pro Pfund. Der Zuschlag darf höchstens betragen im Großhandel 4 Mark, im Kleinhandel 11 Mark für den Zentner. Die Gemeinden mit über 10000 Einwohnern haben Höchstpreise für den Kleinhandel festzusetzen.

Für die Herstellung von Süßigkeiten und Schokolade ist die Verwendung von Butter verboten (16. Dezember 1915, RGBl. S. 821), zur Bereitung von Kuchen eingeschränkt (16. Dezember 1915, RGBl. S. 823).

Milchkühe sollen nicht geschlachtet werden. Besitzer von Milchkühen sind zur Lieferung von Milch an Molkereien verpflichtet, letztere können bei Eintritt von Notständen durch Milchknappheit zur Lieferung an bestimmte Gemeinden angehalten werden. (Verordnung vom 8. Juni 1916, RGBl. S. 447).

Unternehmer von Molkereien, die im Jahre 1915 50000 Liter Milch oder eine entsprechende Menge Rahm verarbeiteten, sind verpflichtet, monatlich bis zu 50 % der im Vormonate erzeugten Buttermenge der Zentraleinkaufsgesellschaft zu überlassen. Diese darf Butter nur an Gemeinden oder an die vom Reichskanzler bestimmten Stellen nach seinen Weisungen abgeben. Die Gemeinden sind berechtigt, den Verkehr und Verbrauch von Butter in ihrem Bezirk zu regeln, insbesondere Butterkarten auszugeben. Molkereien dürfen Butter nur gegen vorherige Einsendung eines Bezugsscheins, der von der Gemeinde ausgestellt ist, versenden. Bei Versendung von Butter durch die Post ist auf der Verpackung der Absender anzugeben und die Sendung als Buttersendung zu bezeichnen. Molkereien haben über die Abgabe, Butterhändler über Bezug und Absatz von Butter Buch zu führen (8. Dezember 1915, RGBl. S. 807 und 8. Juni 1916, RGBl. S. 447). Ausländische Butter ist an die Zentraleinkaufsgesellschaft abzuliefern. Wer von dieser ausländischen Butter zu einem höheren Preis als den Höchstpreis bezieht, darf beim Weiterverkauf den Höchstpreis überschreiten (4. Dezember 1915, RGBl. S. 801). Zur Regelung des Ausgleichs der Preise für in- und ausländische Butter ist die Verordnung vom 13. Dezember 1915 (RGBl. S. 816) ergangen. Vgl. auch Ziff. 4.

7. Käse.

Durch Verordnung vom 13. Januar 1916 (RGBl. S. 31) sind Höchstpreise für Käse festgesetzt. Ferner dürfen nur bestimmte Sorten Käse hergestellt werden. Die Verordnung findet auf ausländischen Käse keine Anwendung. Ausländischer Käse darf nur durch die Zentraleinkaufsgesellschaft in Verkehr gebracht werden (11. März 1916, RGBl. S. 159).

8. Eier.

Die Einfuhr von Eiern hat durch die Zentraleinkaufsgesellschaft zu erfolgen (18. April 1916, RGBl. S. 299). Eier und Eierkonserven dürfen zur Herstellung von Farbwaren nicht verwendet werden (Verordnung vom 14. Juni 1916, RGBl. S. 513).

9. Hülsenfrüchte, Reis, Hirse usw.

Es ist fast kein Gegenstand des täglichen Bedarfs, der nicht von der Regelung der Reichsgesetzgebung erfaßt wäre. Der Vertrieb der meisten Gegenstände darf nur durch die Zentraleinkaufsgesellschaft erfolgen.

Wer Reis, Hülsenfrüchte usw. in Gewahrsam hat, muß der Zentraleinkaufsgesellschaft Anzeige erstatten. Auf Verlangen sind der Zentraleinkaufsgesellschaft die Vorräte zu bestimmtem Preise zu überlassen. Die Zentraleinkaufsgesellschaft darf die Vorräte nur an die Heeres- und Marineverwaltung, an Kommunalverbände oder an die vom Reichskanzler bestimmten Stellen abgeben. Der Reichskanzler setzt Bedingungen fest, zu denen die Abgabe erfolgt (26. August 1915, RGBl. S. 520). Hülsenfrüchte und Mais, die aus dem Ausland eingeführt werden, sind für die Zentraleinkaufsgesellschaft beschlagnahmt. (Verordnung vom 11. September 1915, RGBl. S. 569 und 4. März 1916, RGBl. S. 147.) Höchstpreise sind für die meisten Gegenstände festgesetzt. Der Verkehr mit Hülsenfrüchten, Buchweizen und Hirse hat durch die Verordnungen vom 29. Juni 1916 (RGBl. S. 621—625) Änderungen erfahren. Hervorzuheben ist insbesondere, was im Verkehr vielfach nicht beachtet wird, daß im Falle einer Beschlagnahme nicht der vom Besitzer bezahlte Preis, sondern nur ein angemessener Übernahmepreis bezahlt wird. Hieraus sind dem Handel vielfach große Nachteile erwachsen.

10. Kakao, Kaffee, Tee.

Für Kaffee, Tee und Kakao ist, nachdem die Einfuhr aus Holland, Dänemark und Schweden gesperrt ist, ebenfalls eine Verkehrsregelung erforderlich geworden.

Kakao darf nur durch die Kriegs-Kakaogesellschaft, e. G. m. b. H., Hamburg, eingeführt werden (3. März 1916, RGBl. S. 145).

Die Einfuhr von Kaffee und Tee aus dem Ausland ist dem Kriegsausschuß für Kaffee, Tee und deren Ersatzmitteln anzuzeigen und abzuliefern. Wer Rohkaffee über 10 kg und Tee über 5 kg in Gewahrsam hat, ist zur Anzeige an den Kriegsausschuß verpflichtet. Rohkaffee darf nur durch den Kriegsausschuß abgesetzt werden. Auf Verlangen sind die Bestände dem Kriegsausschuß zu überlassen. Zichorienwurzel, die Ersatzmittel für Kaffee ist, darf nicht verfüttert werden. Der Absatz darf nur durch den Kriegsausschuß erfolgen (6. April 1916, RGBl. S. 245). Von Zeit zu Zeit werden Teile der beschlagnahmten Mengen freigegeben. Der Verkauf von Kaffee darf nur unter gleichzeitiger Abgabe von Ersatzmitteln erfolgen. Höchstpreise sind festgesetzt. Die Durchfuhr von Kaffee, Tee und Kakao ist verboten (Verordnung vom 29. Mai 1916, RGBl. S. 429).

11. Zucker.

An Zucker erzeugt Deutschland weit mehr als es verbraucht. Daher wurde das Publikum stets darauf hingewiesen, viel Zucker zu essen. Große Mengen sind noch während des Krieges ins Ausland ausgeführt worden. Plötzlich ergab sich, daß man mit den Vorräten allzu wenig haushälterisch umgegangen war und es mußte eine Verbrauchsregelung einsetzen durch Verordnung vom 10. April 1916 (RGBl. S. 261). Betreffs Regelung des Verkehrs mit Verbrauchszucker ist eine Reichszuckerstelle errichtet. Sie hat für die Verteilung der Zuckervorräte auf Kommunalverbände, gewerbliche und sonstige Betriebe, sowie die Heeresverwaltung zu sorgen. Der Reichskanzler bestimmt die Grundsätze. Die Reichszuckerstelle überweist den Kommunalverbänden Bezugsscheine auf Zucker. Die Kommunalverbände haben für ihren Bezirk den Verkehr mit Zucker zu regeln. Für den Verbrauch ist monatlich 1 kg für den Kopf der Bevölkerung zugrunde zu legen.

Der Zuckerverbrauch zur Herstellung von Schokolade ist wiederholt eingeschränkt worden, zuletzt durch Verordnung vom 20. Februar 1916 (RGBl. S. 125) auf die Hälfte der in der Zeit vom 1. Oktober 1914 bis 30. September 1915 verwendeten Mengen. Durch Verordnung vom 24. Juni 1916 (RGBl. S. 573) ist der Verkehr mit Verbrauchszucker in gewerblichen Betrieben noch weiter eingeschränkt worden.

Süßstoffe dürfen nur durch bestimmte Fabriken hergestellt werden. Der Süßstoff ist an die Kriegs-Chemikaliengesellschaft zu liefern. Die Reichszuckerstelle kann den Bezug von Süßstoff Gewerbetreibenden zum Zwecke der Herstellung gewisser Erzeugnisse gestatten, z. B. Dunstobst, Kompott, Schaumwein, Senf, Essig usw. (Verordnung vom 7. Juni 1916, RGBl. S. 459).

Verbrauchszucker darf, ausgenommen an Bienen, nicht verfüttert sowie zur Herstellung von Branntwein verwendet werden. Unter das Verbot fällt auch die Verarbeitung zu Futtermitteln. Zu technischen Zwecken (Seifenherstellung usw.) darf Zucker nur mit Genehmigung des Reichskanzlers verwendet werden (Verordnung vom 3. Februar 1916, RGBl. S. 82).

12. Gemüse und Obst.

Durch die Verordnung vom 18. Mai 1916 (RGBl. S. 391) wird eine Reichsstelle für Gemüse und Obst gebildet. Sie hat die Aufgabe, die Erzeugung, Verarbeitung und Haltbarmachung von Gemüse und Obst zu fördern. Die Reichsstelle für Gemüse und Obst kann Gemüse und Obst erwerben. Betriebe, die sich mit der Haltbarmachung von Gemüse und Obst beschäftigen, haben Mengen, die ihnen die Reichsstelle zuweist, nach deren Anweisung zu verarbeiten.

Für Gemüse, Obstmus und sonstige Fettersatzstoffe zum Brotaufstrich sind durch den Reichskanzler Erzeugerpreise (Verordnung vom 11. November 1915, RGBl. S. 752 u. 4. Dezember 1915, RGBl. S. 803 u. 14. Dezember 1915, RGBl. S. 817 u. 25. Januar 1916, RGBl. S. 63) und durch die Gemeinden Kleinhandelshöchstpreise festgesetzt.

H. Verschiedenes.

Seife.

Durch die Verordnung vom 18. April 1916 (RGBl. S. 307) wird der Reichskanzler ermächtigt, den Verkehr mit Seife zu regeln. An eine Person darf nur 100 g Feinseife und 500 g andere Seife monatlich verabfolgt werden, und zwar nur gegen Vorzeigung der für die vierte volle Monatswoche bestimmten Brotkarte. Pflanzliche und tierische Öle dürfen nicht zur Herstellung von Seife verwendet werden (6. Januar 1916, RGBl. S. 3), desgleichen nicht Mehl (18. Februar

1915, RGBl. S. 99), Verbrauchszucker nur mit Genehmigung des Reichskanzlers (3. Februar 1916, RGBl. S. 80).

Petroleum.

Für Petroleum sind durch verschiedene Verordnungen, zuletzt durch Verordnung vom 1. Mai 1916 (RGBl. S. 350), Höchstpreise festgesetzt. Für die Zeit bis 31. August 1916 darf Petroleum zu Leuchtzwecken nicht abgegeben werden, und zwar an Wiederverkäufer vom 1. Mai 1916 ab und an Verbraucher vom 1. Juni 1916 ab. Wer eingelagertes Petroleum in Gewahrsam hat, ist zur Anzeige und auf Verlangen zur Überlassung an die Zentralstelle für Petroleumverteilung, Berlin, verpflichtet.

Branntwein.

Durch Verordnung vom 15. April 1916 (RGBl. S. 279) ist die Regelung des Verkehrs mit Branntwein erfolgt. Es wird zu diesem Zweck eine Reichsbranntweinstelle errichtet. Branntwein darf nur durch die Spirituszentrale oder auf deren Anweisung abgesetzt oder vergällt werden. Die Reichsbranntweinstelle bestimmt, zu welchem Zweck und in welchem Umfange der Branntwein von der Spirituszentrale abzusetzen ist. Die Bestimmung der Verkaufspreise bedarf der Genehmigung der Reichsbranntweinstelle. Wer Branntwein hergestellt hat, hat den hergestellten Branntwein einschließlich der Bestände an die Spirituszentrale zu liefern; erforderlichenfalls kann Enteignung erfolgen.

Leder.

Die Ledervorräte sind beschlagnahmt. Von Zeit zu Zeit werden jedoch gewisse Mengen freigegeben. Für die Zwecke einer gleichmäßigen Verteilung ist eine Kontrollstelle für freigegebenes Leder errichtet (vgl. Bl. f. Gen.-Wes. 1916, S. 295).

Die Knappheit des Leders blieb nicht ohne Einfluß auf den Beschäftigungsgrad der Schuhwarenindustrie. Um die Entlassung von Arbeitern zu verhindern, ist durch Verordnung vom 14. Juni 1916 (RGBl. S. 519) die Arbeitszeit beschränkt worden.

Die hohen Lederpreise riefen Ersatzmittel hervor, die sich häufig als untauglich erwiesen. Daher schreibt die Verordnung vom 21. Juni 1916 vor, daß ledernes Straßenschuhwerk, von dem bestimmte Teile (Absatz, Laufsohle, Brandsohle) ganz oder zum größeren Teil aus Pappe bestehen, gewerbsmäßig nicht hergestellt oder in Verkehr gebracht werden dürfen. Besteht die Laufsohle ganz oder teilweise aus einem Stoff, der geeignet ist, Leder zu ersetzen, so muß sie mit einer entsprechenden Bezeichnung (z. B. „Laufsohle nicht aus Leder") versehen sein. Schuhwarenhändler sind ihren Kunden zur Auskunft hierüber verpflichtet. Schuhwerk, das vor dem 1. Juli 1916 hergestellt ist und den Vorschriften der Verordnung nicht entspricht, darf an Händler bis 31. Oktober 1916, an Verbraucher bis 31. März 1917 abgegeben werden, muß dann aber mit einer entsprechenden Bezeichnung der verwendeten Stoffe versehen sein.

Strick-, Web- und Wirkwaren.

Durch Verordnung vom 25. Februar 1916 (RGBl. S. 121) ist eine besondere Beschleunigung des Verkaufs von Strick-, Web- und Wirkwaren, also insbesondere eine Veranstaltung von Ausverkäufen verboten worden. Durch Verordnung vom 30. März 1916 (RGBl, S. 214) ist bestimmt, daß solche Waren zu keinem höheren Preise verkauft werden dürfen als dem, den der Verkäufer bei Gegenständen und Verkäufen gleicher oder ähnlicher Art innerhalb der Kriegszeit vor dem 1. Februar 1916 zuletzt nachweislich erzielt oder als Verkaufspreis festgesetzt hat. Die Verordnung findet Anwendung auf Web-, Wirk- und Strickwaren, gleichgültig aus welchem Spinnstoffe sie hergestellt sind, sowie auf die aus ihnen gefertigten Erzeugnisse. Durch Verordnung vom 10. Juni 1916 (RGBl. S. 463) ist der Verkehr des näheren geregelt. Es ist zur Sicherstellung des Bedarfs der bürgerlichen Bevölkerung an Web-, Wirk- und Strickwaren sowie den daraus gefertigten Erzeugnissen eine Reichsbekleidungsstelle errichtet. Sie ist ähnlich wie die übrigen Reichsstellen eingerichtet mit Verwaltungs- und Geschäftsabteilung. Sie hat unter anderem die Aufgabe, den vorhandenen Vorrat an Web-, Wirk- und Strickwaren zu verwalten, für gleichmäßige Verteilung und sparsamen Verbrauch zu sorgen und Herstellung und Vertrieb von Ersatzstoffen zu fördern. Dem Großhandel sind Beschränkungen hinsichtlich des Erwerbs neuer Kundschaft auferlegt. Die gewerbsmäßige Herstellung von Bekleidungsstücken darf — Maßschneiderei ausgenommen — nur auf schriftlichen Auftrag des Kunden erfolgen. Alle Gewerbetreibenden, die Waren der in Rede stehenden Art an Verbraucher abgeben, mußten sofort nach Erlaß der Verordnung eine Inventur aufnehmen und dürfen bis 1. August 1916 nur 20 % ihrer Waren veräußern. Vom 1. August 1916 dürfen die Waren nur gegen Bezugsschein abgegeben werden. Durch Bekanntmachung vom 10. Juni 1916 (RGBl. S. 468) sind die Waren bestimmt, auf welche ein Teil der Vorschriften der Verordnung keine Anwendung findet. Zu erwähnen sind Seidenstoffe, Teppiche, Möbelstoffe, Damen- und Herrenkleiderstoffe, deren Preis einen bestimmten Betrag übersteigt. Für diese Gegenstände gilt im wesentlichen nur die Bestimmung, daß sie im Großhandel nur an die bisherige Kundschaft geliefert werden dürfen und die gewerbsmäßige Herstellung von Bekleidungsstücken — Maßschneiderei und Musterkollektionen ausgenommen — nur auf schriftlichen Auftrag der Kunden vorgenommen werden darf. Wegen der Einzelheiten muß auf die Verordnungen bezug genommen werden.

Die Verordnung vom 30. März 1916 findet übrigens auch auf Seilerwaren Anwendung (Verordnung vom 21. Juni 1916, RGBl. S. 545)

Druckpapier.

Durch Verordnung vom 18. April 1916 (RGBl. S. 306) ist der Reichskanzler ermächtigt, die erforderlichen Maßnahmen zu treffen, um während des Krieges die Versorgung der Zeitungen mit Druckpapier sicher zu stellen und den Verbrauch zu regeln. Es wird eine Kriegswirtschaftsstelle für das deutsche Zeitungsgewerbe errichtet.

Durch Verordnung vom 3. Juni 1916 (RGBl. S. 436) wird die kostenlose Ausgabe von Extrablättern, abgesehen von solchen, deren Ausgabe die Oberste Heeresleitung ausdrücklich als erwünscht bezeichnet hat, verboten. Die Verordnung vom 20. Juni 1916 (RGBl. S. 534) enthält weitere Einschränkungen; auch dürfen Freiexemplare nicht mehr geliefert werden.

Zigaretten-Rohtabak.

Durch Verordnung vom 16. April 1916 (RGBl. S. 313) ist bestimmt, daß die Einfuhr von Zigaretten-Rohtabak, soweit es der Reichskanzler bestimmt, an die Zigaretten- und Tabak-Einkaufsgesellschaft, G. m. b. H. Berlin, zu liefern ist.

Sommerzeit.

Durch Verordnung vom 6. April 1916 (RGBl. S. 243) ist für die Zeit vom 1. Mai 1916 bis 30. September 1916 eine Vorverlegung der Uhrzeit um eine Stunde erfolgt.

Sachregister.

A. W. Hayn's Erben (Curt Gerber) Potsdam.

Genossenschaftliche Zeit- und Streitfragen

Begründet von Ludolf Parisius und Dr. Hans Crüger.

Fortgeführt von Dr. Hans Crüger.

Heft 1. Kreditgenossenschaften nach Schulze-Delitzsch. Von Ludolf Parisius. Zweite, umgearbeitete Auflage. 60 Pf.

Heft 2. Rohstoffgenossenschaften der Handwerker und Anleitung zur Buchführung einer Rohstoffgenossenschaft. Von Dr. Hans Crüger und H. Jäger. 1 M.

Heft 3. Umsatzsteuer und Konsumvereine. Von Dr. Joh. Wernicke. 60 Pf.

Heft 4. Schulze-Delitzsch und Alwin Soergel. Beiträge zur Geschichte der deutschen Genossenschaftsbewegung. Von Ludolf Parisius. 1 M. 25 Pf.

Heft 5. Die internationalen Genossenschafts-Kongresse in Paris im Jahre 1900. Von Anwalt Dr. Hans Crüger. 2 M. 50 Pf.

Heft 6. Die Untersuchung der Nahrungs- und Genußmittel. Nach Vorträgen auf den Unterverbandstagen bearbeitet zum Gebrauch für Konsumvereine. Von Nahrungsmittelchemiker Willy Meyer. 60 Pf.

Heft 7. Vorträge zum Bürgerlichen Gesetzbuch und Handelsgesetzbuch, gehalten auf den Allgemeinen Genossenschaftstagen der Deutschen Erwerbs- und Wirtschaftsgenossenschaften. Von Justizrat A. Gebhart. 1 M.

Heft 8. Kritische Bemerkungen zu Entwicklungstendenzen im deutschen Genossenschaftswesen. Von Anwalt Dr. Hans Crüger. 1 M.

Heft 9. Die ersten fünfzig Vereins- und Genossenschaftstage des Allgemeinen Verbandes der auf Selbsthilfe beruhenden deutschen Erwerbs- und Wirtschaftsgenossenschaften. Von Anwalt Dr. Hans Crüger. 2 M. 25 Pf.

Heft 10. Grundlehren und Erfahrungen der Handwerkergenossenschaften. Zusammengestellt auf Grund der Verhandlungen der Allgemeinen Genossenschaftstage. Von Anwalt Dr. Hans Crüger. 1 M. 75 Pf.

Heft 11. Die Deutsche Genossenschaftsbank von Soergel-Parisius & Co. und der Giroverband der Deutschen Genossenschaften. Ein Beitrag zu den Fragen des genossenschaftlichen Großbankkredits und der genossenschaftlichen Zentralkassen. Von F. Thorwart. 2 M.

Heft 12. Die Durchführung der Verbandsrevision im Allgemeinen Deutschen Genossenschaftsverband. Von Dr. Hans Crüger. 75 Pf.

Heft 13. Das Steuer- und Stempelrecht der gemeinnützigen Baugenossenschaften in Reich, Staat, Gemeinde und Kirche. Von Dr. jur. K. Lade, stellvertretender Vorsitzender der Einkommensteuerveranlagungskommission für den Stadtkreis Charlottenburg. 1 M.

Heft 14. Die Kriegsgesetzgebung. Die aus Anlaß des Krieges erlassenen Gesetze und Bundesratsverordnungen für Genossenschaften. Von Rechtsanwalt Adolf Crecelius. 1 M

Druck von A. W. Hayn's Erben (Curt Gerber), Potsdam.

FSC
www.fsc.org
MIX
Papier | Fördert gute Waldnutzung
FSC® C083411

Kolibri 360 GmbH
Ferdinand-Jühlke-Straße 7
99095 Erfurt, Deutschland
produktsicherheit@kolibri360.de